城市群崛起

中国人口迁移的空间效应

潘泽瀚 ———————————— 著

The Rise of
Megacity Regions in China
Spatial Effects of Population Migration

格致出版社　上海人民出版社

本书获复旦大学社会发展与公共政策学院科研发展基金资助

目　录

第1章 绪 论

人口迁移深刻地塑造着区域城市系统的演化过程。伴随着城市间交通网络、产业结构与社会功能的相互渗透，邻近城市间的协同效应愈发凸显，人口增长与经济集聚的累积循环因果效应在更大空间尺度上形成，"城市群"因此逐渐成为国家空间发展的重要载体和经济增长引擎。中国正经历着深刻的人口迁移和城镇化进程，然而，中国语境下的"城市群"主要源于"自上而下"的城镇化发展规划，服务于大中小城市均衡发展目标，"自下而上"的人口迁移与经济集聚空间互动规律往往被忽视。本书将从人口迁移这一城市发展演变的核心动力出发，探讨人口迁移对城市群内部人口与经济空间格局的影响，以期更为深刻地揭示中国城市群的发展特征、问题以及未来道路。

1.1 中国的城镇化道路与城市群发展

改革开放以后，自发地从农村向城市的人口迁移逐渐成为城市人口增

长特别是大城市人口增长的巨大推动力量。与此同时，政府推动型城市化
仍然占据重要地位，但城镇发展战略不断变化：1978 年中央提出"控制大城
市，多搞小城镇"，①1980 年提出"控制大城市规模、合理发展中等城市，积极
发展小城市"，②1990 年颁布的《中华人民共和国城市规划法》规定"国家实
行严格控制大城市规模，合理发展中等城市和小城市的方针，促进生产力和
人口的合理布局"。2000 年 10 月《中共中央关于制定国民经济和社会发展
第十个五年计划的建议》中，明确指出要走大中小城市和小城镇协调发展的
道路。随后，2002 年党的十六大报告正式提出，"要逐步提高城镇化水平，坚
持大中小城市和小城镇协调发展，走中国特色的城镇化道路"。此后，如何
坚持大中小城市和小城镇协调发展成为中央制定城镇化发展规划的核心
问题。

学界对中国城镇化发展道路也有不同观点，包括"小城镇论""中等城市
论"和"多元发展论"等。20 世纪 80 年代，以费孝通为代表的"小城镇论"成
为主流观点（费孝通，1986）。认为中国应走"以小城镇为主、大中城市为辅"
的城市化道路，发展"离土不离乡"的小城镇是农村剩余劳动力转移的主要
方向。与此同时，有观点认为中国应当走集中型城镇化道路，即以大城市为
主的发展模式。大城市会产生明显的聚集效应，具有较高的规模收益、更多
的就业机会和更大的经济扩散效应等经济、社会和环境优势（陆铭，2016）。
大城市对带动区域经济发展特别是农村经济发展具有重要作用（王小鲁、夏
小林，1999）。也有部分学者提出"中等城市论"，支持以中等城市为主的发
展模式，认为大城市和小城镇都有难以克服的弊端，只有中等城市才能综合

---

① 王黎锋：《中国共产党历史上召开的历次城市工作会议》，人民网·中国共产党新闻网，
http://dangshi.people.com.cn/n1/2016/0801/c85037-28600430.html。
② 国务院批转《全国城市规划工作会议纪要》国发〔1980〕299 号。

平衡各种规模城市的利弊,能够扬长避短,因而应当成为中国城市发展的重点(柯善咨、赵曜,2014)。

"多元发展论"则认为各级城市都有发展的客观要求,城市化的模式应该是多元的、多层次的,要走大中小城市互相协调、东中西部差异化发展的道路。经过持续的争论和探索,越来越多的学者倾向于大中小城市与小城镇相结合的"多元发展论"观点。如周一星(1995)否定了城市规模单一取向,认为不存在统一的能被普遍接受的最佳城市规模,城镇体系永远是由大中小各级城镇组成的,各级城市都有发展的客观要求,并结合城市发展的客观规律提出了"多元化"的城市化方针。简新华(1997)在论述中国城市化道路时认为城市规模结构应当多元化,即实现大中小城镇并举,使大中小城镇结构合理、搭配适当。

以上关于城镇化道路选择的争论主要源于如何平衡人口迁移所带来的区域经济发展的双面性:一方面,大城市所形成的人口与经济集聚效应成为区域经济发展的引擎,如深圳等经济特区对周边区域的经济带动作用显著,"省会战略"的实施也确实提升了多数内陆省份的经济竞争力和人口吸引力,起到了发展"锚"的作用;另一方面,人口的空间集聚又带来区域发展差距的扩大,不利于区域间"均衡发展",在经济、财政、政治等诸多方面对中央管理带来挑战。

在此背景下,发展城市群似乎成了必然的选择,因为这或许可以兼顾集聚经济效应和"以大带小"均衡发展的双重目标。在《国家新型城镇化规划(2014—2020年)》中,首次提出要"培育与发展城市群,促进城市群内部基础设施互联互通,产业合理布局与分工协作",并将城市群作为城镇化空间格局的主体形态之一。国家"十三五"规划首次给出了19个城市群的大致规划范围,基本包含了全国所有省级单元,同时承认其发展阶段和规划重点的差异性。国家"十三五"规划和"十四五"规划则进一步明确提出以城市群、都市圈为依托促进大中小城市和小城镇协调联动、特色化发展。

然而，在2024年国务院印发的《深入实施以人为本的新型城镇化战略五年行动计划》中，仅强调实施现代化都市圈培育行动，并未再提到城市群，这一变化暗示全国范围内的城市群发展或许并未达成起初的规划预想，而更小尺度的都市圈发展规划可能更符合大部分区域的发展阶段。

1.2 城市群的概念辨析

城市群的概念最早可追溯到英国城市规划学者帕特里克·格迪斯（Patrick Geddes）在其著作《进化中的城市——城市规划与城市研究导论》（*Cities in Evolution*：*An Introduction to the Town Planning Movement and to the Study of livics*，1915）中提出的"conurbation"（组团城市）概念。格迪斯用此术语描述人口在地理空间上趋于集中而形成的相互连接、相互依赖的城市区域。目前，在美国与欧洲的规划与地理学文献中，"metropolitan region/area"（大都会区）通常指以单个中心城市为核心，通过通勤形成紧密联系的经济社会一体化区域，"urban/city region"（城市区域）更强调城市功能在区域尺度上的扩散与集聚（Berry，1970）。巨型城市区域（megacity region）则描述多个大城市及其周边地区在高效交通网络和经济联系下形成的超大规模城市带，如戈特曼（Gottmann，1961）提出的"megalopis"（巨型城市带）概念，用以描述美国东北部沿海地区［从波士顿到华盛顿的"BosWash"（波士华）走廊］如何通过交通网络、经济联系、信息流等要素紧密相连，形成超大规模的绵延的城市连续体。

中国的制度设计和社会经济文化背景与西方存在明显差异,其行政区划和空间统计尺度更具伸缩性。中国所谓"城市"常指地级市或地级行政区划单元,既包含城市地区,也包含城镇和农村地区,故为区域概念(prefecture)。因此,中国政府所规划的"城市群"更类似于西方的"megacity region"(巨型城市区域),指在特定区域内由一个或多个大中城市、周边小城市和城镇组成的相互联系的城市体系。此外,中国还使用都市圈来指代围绕单个核心城市、约一小时通勤圈内的紧密经济联系区域,这一概念与"metropolitan region/area"更为接近。由此可见,西方的相关理论无法直接套用于中国的城市群研究。

1.3 本书主要内容

已有研究广泛关注人口迁移对城市发展、经济集聚和社会结构的影响,但对于城市群范围内的空间互动关系,尤其是人口迁移如何塑造城市群内部结构、影响县域城镇化及其经济联系,仍缺乏系统性的研究。为此,本书将从空间效应的视角,探讨中国人口迁移对城市群发展产生的影响,主要内容如下:

第 2 章将揭示人口迁移的空间分化特征。这一章将通过人口普查数据的对比分析,探讨人口空间分化中的总体趋势以及城市群作为核心空间分析单元的重要性。

第 3 章将构建城市群发展阶段理论的框架。这一章将借鉴国内外相关研究,结合中国的现实情况,建立人口迁移视角下的城市群发展阶段划分方法。

　　第4章将分析不同迁移模式对城市群内部结构的影响。这一章主要关注城市群就近与远程迁移的城镇化模式差异。

　　第5章将研究人口迁移与经济集聚的空间互动机制。这一章将重点分析人口迁移与经济增长在城市群内部的空间依赖性，揭示该空间依赖性在不同城市群之间的差异。

　　第6章将基于案例，分析上海及长三角城市网络。这一章将以上海市及长三角城市群为例，研究超大城市的人口迁移特征及其对区域一体化的影响。

　　第7章，研究人口迁移对长三角城市网络的影响机制。构建"三元"分析框架，考察人口迁移对长三角城市网络发展的直接影响和间接影响。

　　第8章，总结前述研究内容。

　　综上所述，在理论层面，本书建立了人口迁移视角下的城市群发展阶段划分方法，深化对城市群空间结构演变的理解。在方法层面，本书利用空间分析技术与人口普查数据，量化人口流动的空间效应，为后续研究提供参考。在政策层面，本书针对人口迁移对城市群的影响，提出相应的发展策略，以优化人口与资源配置，提高城市群整体竞争力。

　　总之，本书希望通过对中国人口迁移的深入研究，为学术界、政府决策者以及社会公众提供新的视角，助力中国城市群的高质量发展。

第2章 中国人口迁移与城市人口增减分化

2.1 引言

自 20 世纪 90 年代以来,随着经济转型的深化和户籍政策的逐步放宽,大规模的人口迁移表现出不可阻挡之势。2020 年第七次全国人口普查数据显示,中国流动人口规模为 37 582 万人(不含市辖区人户分离人口),占全国总人口的比例高达 26.62%,比 2010 年大幅增加 1.5 亿人,整体上进入人口流动性社会。人口的跨区域流动将重塑中国人口的空间分布格局,对城镇化进程也会产生根本性影响(徐姗等,2016)。值得注意的是,2010 年以来,随着中西部地区经济的进一步发展、东部沿海地区产业升级以及"东企西移"政策的实施,地区间流动人口差距逐渐放缓,人口回流现象已不容忽视(豆晓等,2018)。因此,我们有必要探究近年来人口迁移的空间集疏格局和省际模式差异,以准确把握中国人口迁移的发展态势。

改革开放以来,中国人口迁移的区域模式及变化引起了学者对这一问题的关注和探讨。目前中国人口迁移模式已形成以省内为主、省际为辅的分布特征(王桂新等,2012)。对于省际人口迁移而言,受区域和人口发展政策的影响,其区域分布模式在不同时期呈现出不同的格局(Johnson,2003;李扬等,2015)。与改革开放前相比,中国省际人口迁移的宏观流向已发生逆转,形成了以中西部地区向东部沿海地区特别是京津冀、长三角和珠三角等经济发达区域迁移为主流的基本区域模式(王桂新,2004;Cao et al.,2018)。这种区域模式表现出明显的地理集中性的空间指向,且具有相当的稳健性,但总体上朝着较为均匀的方向演变(王桂新等,2012,2016;刘大伟等,2016)。人口迁移对中国城镇化进程的影响突出(颜咏华、郭志仪,2015),大规模的人口迁移显著地提高了流入地和流出地的城镇化率(杨传开、宁越敏,2015;白永平等,2016),并缩小了省际差异,成为城镇化和推动城市规模增长的重要动力及核心内容之一(王宁,2016)。

中国的省内人口迁移模式,与中国人口密度的分布格局类似,主要表现为迁移规模由东向西递减,但地区间差异不大,分布相对均衡,中西部地区城市的省内迁移人口规模远高于省际迁移(张耀军、岑俏,2014)。省内人口迁移总体呈现出同心圆分布格局(李荣彬、王国辉,2016),主要表现为从周边地区向省会城市集聚(王宁,2016;段成荣等,2017),但中西部的省会城市在本省内的吸引力远高于东部省份的省会城市,而主要省际流入地区的省内人口迁移则分散流向省内各个经济发达城市(劳昕、沈体雁,2015)。相较于省际迁移,省内县际的迁移人口永久居留城镇的意愿更高,这将成为未来中国人口城镇化的主导模式(刘涛等,2015)。

可以发现,现有研究对中国人口迁移的区域模式进行了大量的探索。但是,从现有成果来看,目前对该问题的研究存在三点不足:首先,如前所述,在2010年之后,人口迁移出现了较大规模的自东向西的回流现象,人口迁移的空间格局正在或将要发生一些调整,而现有文献多是在1987—2010

年间的历次人口普查资料的基础上展开研究的,难以反映出新时期中国人口迁移的区域模式及最新变化。其次,当前国内关于人口迁移的研究仍主要聚焦于省际迁移,对省内人口迁移的探索相对薄弱(张耀军、岑俏,2014)。而且在已有的省内人口迁移的文献研究中,从县内、县际迁移视角展开深入研究更是鲜少涉及。省内人口迁移是实现就近城镇化的重要方式,在空间尺度上不同于省际迁移,因此有必要对省内人口迁移的区域模式及变化进行深入、细致的探索。

最后,已有研究多从省级人口变化的视角分析中国区域人口增减的分化。然而,随着中国城市化进程的深入推进,从中长期来看,人口将更多地向以各大都市圈和城市群为核心的区域转移。城市规模的扩张已不再仅以单一行政单元的人口增加为唯一标志,还体现为相邻城市间一体化程度的提高和区域经济的协同发展。然而,目前关于人口增减分化的研究,尚未充分考虑城市群这一关键单元的作用。现有文献在分析人口迁移和分布时,往往以省级或城市级行政区划为主,缺乏对城市群内部人口动态的深入探讨。因此,从城市群的角度研究人口增减分化,能够更准确地把握人口流动的空间特征,弥补现有研究的不足。

基于以上,本章拟根据 2010 年第六次全国人口普查、2020 年第七次全国人口普查以及各自分县微观数据①,采用多种指标考察 2010 年和 2020 年的中国省际、省内(县内和县际)人口迁移的区域模式及变化,并将城市群人口增减分化纳入研究框架,以期得到一些新的发现和结论。

---

① 注:本章采用的人口迁移数据来源于全国人口普查长表中的"全国按现住地和五年前常住地分的人口"(具体参阅《中国 2010 年人口普查资料》第二部分第七卷,表 7-8;《中国人口普查年鉴——2010》下册第七卷,表 7-7),不包含港澳台或国外数据。

2.2 省际人口迁移模式的变化

改革开放以来,随着向市场经济体制的逐步转型,跨区域人口迁移趋向活跃。特别是进入 21 世纪以来,人口迁移规模进一步呈现迅速增长态势。根据国家统计局数据,2015—2020 年中国迁移人口规模为 17 694.3 万人,与 2005—2010 年相比增长了 757.9 万人;而对比 1995—2000 年和 2005—2010 年间,流动人口规模增长了 4 817.1 万人,说明中国人口迁移仍保持着较为稳定的增长态势,但增速明显放缓。从省际人口迁移来看,2015—2020 年迁移规模为 5 083.2 万人,比 2005—2010 年减少 416.2 万人,与 2000—2010 年间 7.04% 的年均高速增长形成了强烈对比。由此反映出,中国人口迁移规模持续增长的总体态势没有改变,但将从高速增长逐步转为中高速增长。这也使得 2015 年以来中国人口迁移的区域模式表现出新的局部变化。

2.2.1 传统迁移大省吸引力减弱,省际迁移分布均于均衡化

第一,传统流入大省普遍出现流入人口增量减少、流出人口增量增加的特征,而传统流出大省则呈现出相反的变化特征。对比 2005—2010 年和 2015—2020 年的流动人口增加量,能够反映出各省人口迁移的发展趋势。从图 2.1 可看出,从增加值上看,省际流出人口规模增长的省(区、市)共有 17 个,东部省市大部分均有不同程度的增加,其中广东的增长规模为 154 万人,远超过其他省(区、市);而流出人口规模减小的省份以传统迁出大省为主,如四川、安徽、湖南、江西、湖北和河南等,安徽下降规模在 200 万人以上,四

川和湖南两省下降规模均在 150 万人以上。省际流入人口与流出人口的变化基本呈现出互补关系,二者的皮尔逊相关系数为-0.750 6,在 1% 水平上具有显著的负相关关系。从增加值上看,省际流入人口规模增加的省(区、市)共有 21 个,除河北、山东、海南外,其余均为中西部省(区、市);而对于省际流入人口规模减小的地区而言,广东、浙江、上海、北京和江苏位于前五名,其中广东、浙江、上海和北京的下降规模均超过 100 万人。从省内迁移来看,对比 2010 年和 2020 年,山西、辽宁、吉林、黑龙江、甘肃 5 个省份的省内流动人口规模出现下降,黑龙江的下降规模最高为 47.7 万人;而广东以 261 万人的增加量位居全国首位,浙江和湖南两省分居第二、第三位。这一变化对于重塑中国区域人口迁移模式将产生重大影响。

第二,省际人口迁移规模的空间分布格局稳中有变,内陆地区吸引人口流入的能力不断强化(见图 2.2)。首先,从全国层面来看,两个时点流入、流

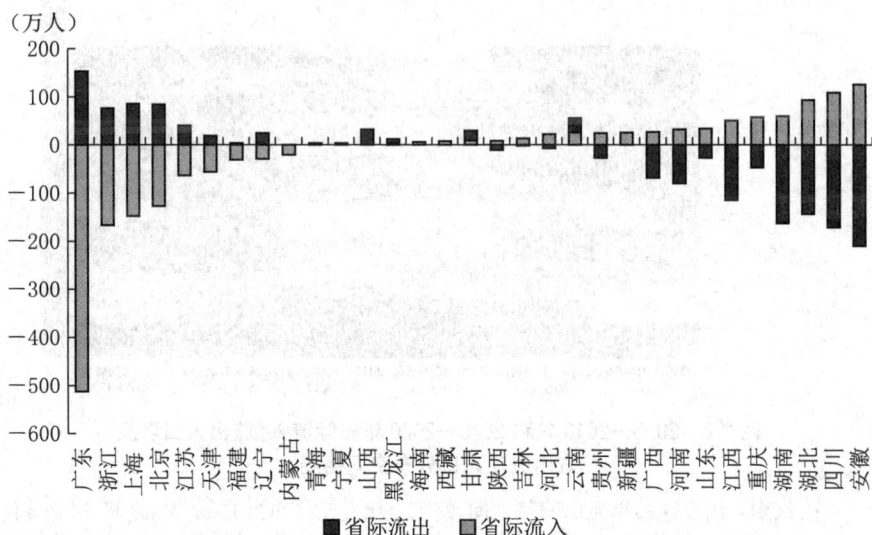

图 2.1　2005—2010 年和 2015—2020 年省际流动人口增加值的变化量

资料来源:根据 2010 年、2020 年全国人口普查长表数据除以 10% 得到。

出人口规模的皮尔逊相关系数分别为 0.896 6 和 0.970 0,表明中国省际人口迁移的区域分布模式具有强稳健性。其次,从区域层面来看,2010 年和 2020 年均有五个省市的流入人口规模占全国比重在 5% 以上,分别为广东、浙江、上海、江苏和北京,但这些省市的省际流入人口份额却由 2010 年的 65.2% 下降至 2020 年的 50.4%;位于中西部地区的安徽、河南、四川、湖南、江西、湖北和广西七个省(区)是中国主要的省际人口流出区域,各省(区)流出人口规模占全国的比重均保持在 5% 以上,但这 7 个省(区)的流出人口份额由 55.72% 减少到 41.43%。此外,就增长率而言,中西部地区具有较高的人口流入规模增长率,如河南(75%)、湖南(87%)和湖北(112%),而东部省市具有较高的人口流出规模增长率,如上海(217%)、广东(95%)和北京(212%)。以上数据均表

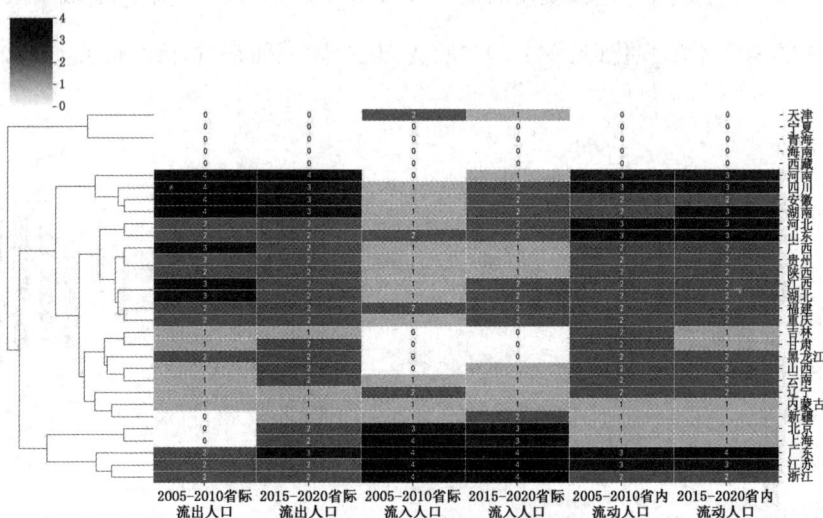

图 2.2　2005—2010 年和 2015—2020 年省际流入、流出人口以及
省内流动人口分布空间格局

注:级别 0 代表迁移率为 0—1% 之间,级别 1 代表迁移率为 1%—2% 之间,级别 2 代表迁移率为 2%—5% 之间,级别 3 代表迁移率为 5%—8% 之间,级别 4 代表迁移率为 8% 以上。

资料来源:同图 2.1。

明,人口自中西部内陆地区向东部沿海地区迁移的主流模式并未改变,但省际流入人口分布表现出反向扩散和蔓延的趋势,中部地区"人口塌陷"特征有所改善,内陆地区在中国城镇化进程中的贡献在持续提高。

第三,中西部地区人口流出强度和东部地区人口流入强度普遍较高,表现出"强者恒强"的特征,但涨势明显弱化。如图 2.3 的前两个部分所示,在省际人口迁移过程中,中国已经形成了中西部地区流出率高、东部地区流入率高的区域分布模式,如安徽、江西、贵州、湖南、湖北、广西和河南等地区的省际流出率高于全国平均流出率,以及北京、天津、上海、江苏、浙江、福建和广东等的省际流入率高于全国平均流入率。从均值来看,全国平均流入率和平均流出率分别从 4.82％和 3.81％下降至 3.91％和 3.68％。2010 年平均流入率比平均流出率高出 1.01 个百分点,2020 年仅高出 0.2 个百分点,二者差距稍有缩小。图 2.3 的最后一部分为各省(区、市)2020 年与 2010 年流入、流出率比值的四分位图。从图中可以发现,中部地区的四川、湖北、安徽等省份同时为流入率比值的"热点"地区(大于 1.71 倍)和流出率比值的"冷点"地区(小于 0.86 倍)。相比之下,东部省市的流入率增长明显慢于中部地区,而流出率增长总体快于中部地区。人口迁移强度的变化趋势与其规模的变化基本一致。由此表明,传统人口流出、流入区域的人口流出、流入强度的增长均呈现出弱化趋势。

第四,省际人口迁移规模和强度均表现出均衡化、分散化特征。选取基尼系数①来表征省际人口迁移的空间集聚程度。结果表明,省际人口流入、流出规模的基尼系数分别由 2010 年的 0.617 和 0.484 降至 2020 年的 0.504 和 0.364,省际人口流入、流出强度的基尼系数分别由 2010 年的 0.547 和 0.312 降至 2020 年的 0.388 和 0.182。可见省际人口流入、流出的规模和强

---

①　作者基于人口迁移数据自行计算得出。

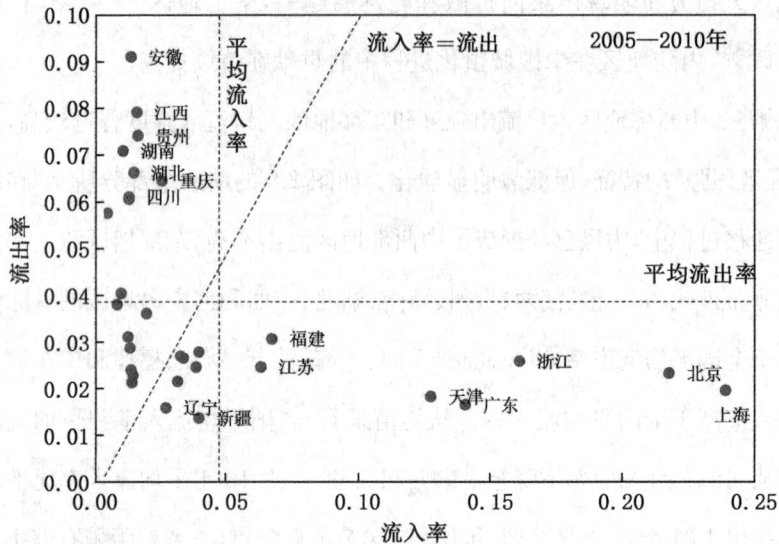

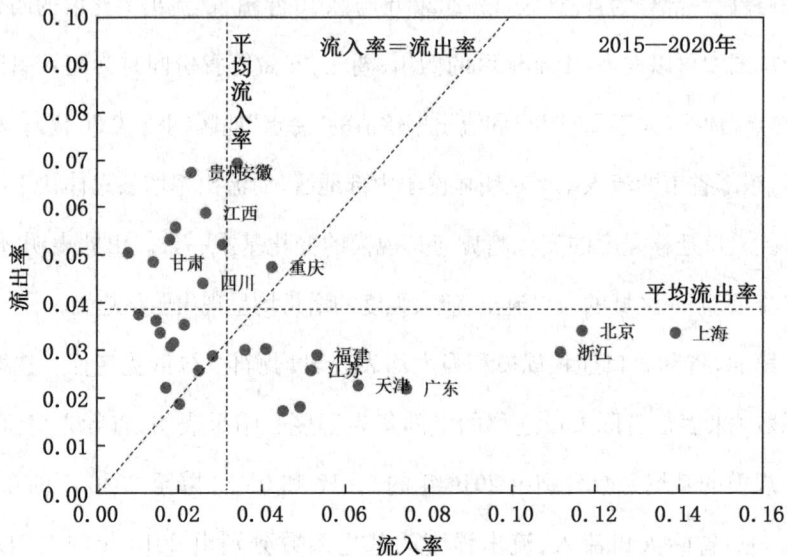

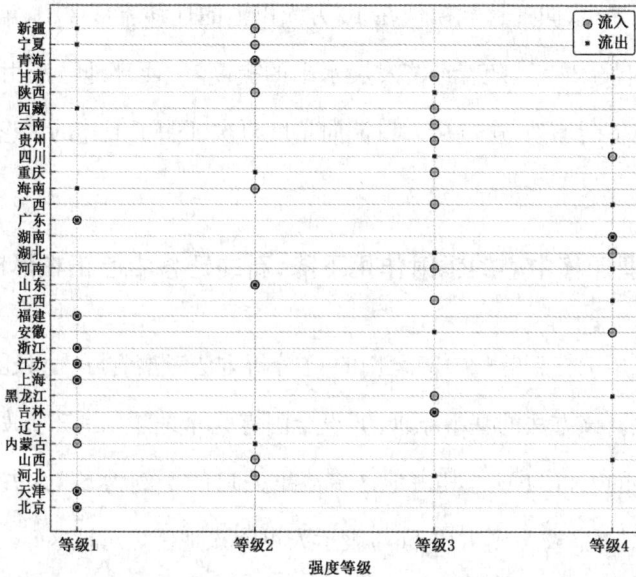

图 2.3　2025—2010 年和 2015—2020 年省际人口流入、流出强度分布及变化情况

注：等级 1 代表 2020/2010 年的强度比＜0.86，等级 2 代表 2020/2010 年的强度比为 [0.86，1.24)，等级 3 代表 2020/2010 年的强度比[1.24，1.78)，等级 4 代表 2020/2010 年的强度比≥1.78。

资料来源：同图 2.1。

度的空间极化特征均有不同程度的缓解。此外，还可以发现，在省际人口迁移过程中，流出人口的分布相对分散，流入人口的分布则相对集中。

第五，人口迁移网络结构不断紧密，省际人口双向迁移趋于频繁。基于省际人口迁移数据，以省际人口迁移规模 10 万为阈值，当两个省份之间的人口迁移量在 10 万及以上时，认为地区之间存在较为密切的联系，并称之为迁移流。省份间人口迁移规模在 10 万人以上的迁移流从 2010 年的 102 条增至 103 条，表明地区之间的联系更加紧密。具体来看，迁移流数目分化明显。其中，湖北由 1 条增至 4 条，江苏、安徽、四川、贵州均增加了 2 条，河北、浙江、重庆均增加了 1 条。北京由 13 条减少至 6 条，降幅最为明显，天津、上海减少了 2 条，内蒙古、辽宁、福建、广西均减少了 1 条。同时，省际人口的双向迁移日渐频繁,双向迁移规模均在 10 万人以上的迁移流从 2010 年的 9 条增加到 2020 年的 24 条,随着经济发展水平的提高,中西部地区吸引人口流入的能力也在不断加强,这也从人口流向角度再次证明了上述的结论。

2.2.2　典型迁移中心的辐射作用下降,新的迁移中心正在形成

本章采用王桂新等(2012)运用的 Q 分析方法考察省际人口迁移的流场分布及变化。该方法的基本原理为:设全国有 n 个地区($n=31$),如果地区 i 流向地区 j 的人口为 M_{ij},其占地区 i 流出人口的比例为 SO_{ij},占地区 j 流入人口的比例为 SI_{ij},则可用 SO_{ij} 表示人口流入地区 j 对地区 i 人口流出的影响力(需求力),用 SI_{ij} 表示人口流出地区 i 对地区 j 人口流入的影响力(供给力)。设定当 SO_{ij} 和 SI_{ij} 大于阈值 10% 时,便可视为某地人口流入(出)对另一地区的人口流出(入)有显著影响,并分别设定 10%—20%、20%—30% 和 30% 以上三个等级表示影响力的大小。根据上述方法和设定,绘制出中国 2010 年和 2020 年省际人口迁移流分布的区域模式,其中图 2.4(a)和 2.4(c)为主要人口流出地及其影响关系,图 2.4(b)和 2.4(d)为主要人口流入地及其影响关系。

第一,省际人口迁移中心的辐射作用表现出不同程度的降低。

从省际人口流入来看,2010 年,有 5 个省份的人口流入对其他省份的人口流入具有显著影响力(显著影响关系对[①]在 4 组及以上),其中,有 9 组关系对的影响强度在 30% 以上,17 组关系对的影响强度在 20%—30% 之间,38 组关系对的影响强度低于 20%。2020 年,具有显著影响力的人口流入中

———————

① 某省份作为流入地(或流出地)时,对其他省份的人口流出(或流入)影响强度≥10% 时,即构成显著影响关系对。

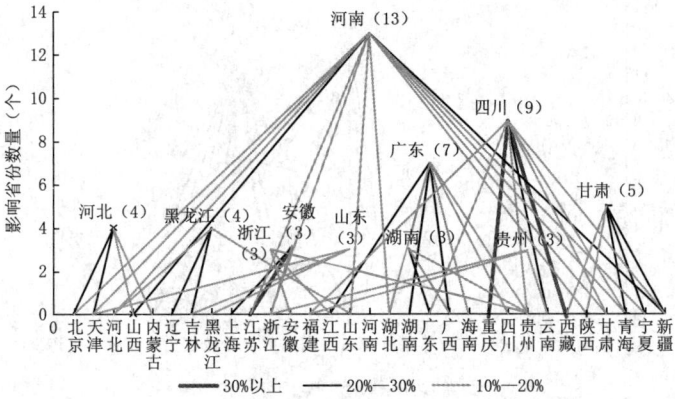

(a)

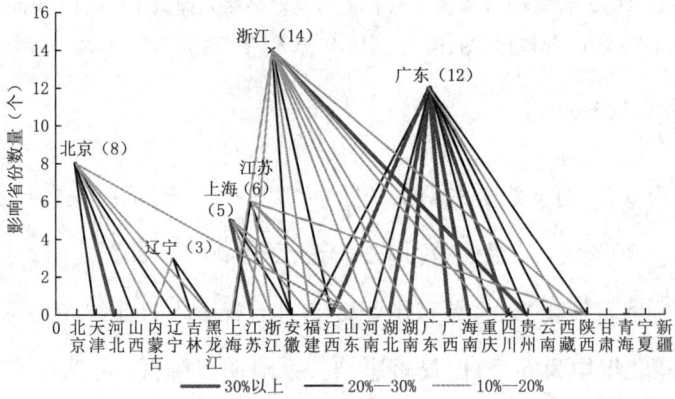

(b)

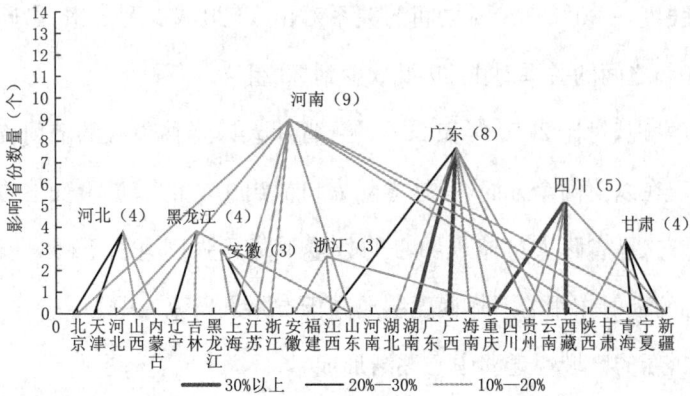

(c)

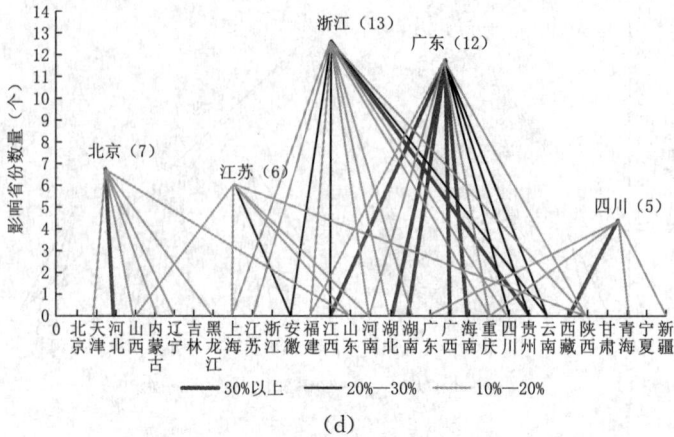

（d）

图 2.4　2010 年和 2020 年流入（出）地对其他地区人口流出（入）的影响关系

注：图（a）为 2010 年流出，图（b）为 2010 年流入，图（c）为 2020 年流出，图（a）为 2020
年流入。

资料来源：同图 2.1。

心数量仍为 5 个，有 8 组关系对的影响强度高于 30％，7 组关系对的影响强
度在 20％—30％内，28 组关系对的影响强度在 10％—20％之间。

从省际人口流出来看，具有显著影响力的省际人口流出中心保持持平，
2010 和 2020 年均为 6 个，但显著影响关系对明显降低，从 2010 年的 57 组
降至 2020 年的 40 组。其中，影响强度在 30％以上的关系对由 3 组增加到 4
组，影响强度在 20％—30％之间的关系对由 15 组减少到 8 组，影响强度在
10％—20％之间的关系对由 39 组减少到 28 组。

可以发现，对比 2010 年和 2020 年，省际人口迁移中心的辐射作用有所
下降，体现在以下两个方面，一是省际人口流出中心的数量不变但影响强度
大幅降低；二是省际人口流入中心的数量下降且强度有所下降。省际人口
流出中心的辐射作用的下降程度明显高于省际人口流入中心。

第二，新的区域性迁移中心逐渐形成。

对于省际人口流出中心而言，河南不仅省际流出人口规模大，而且其流

出人口影响的区域也最多,分布在华北、华东、华中和西北等区域,虽然显著影响关系对由 13 组减至 9 组,但其作为具有全国性影响力的省际人口流出影响极的地位并未改变,只是影响强度普遍降低。受到四川人口流出明显影响的省份由 2010 年的 9 个减少到 2020 年的 5 个,这也使得流出地对流入地的影响由"两极化"逐渐向"单极化"演变。但与其他省份相比,四川仍可视为具有全国性影响力的省际人口流出地,尤其对重庆和西藏保持着强势的影响。对于区域性人口流出影响中心而言,影响关系圈均是以邻近省份为主。而且这些影响中心具有较大的波动性,如山东、湖南、贵州三省的显著影响关系对降低至 3 组以下,而广东成长为新的人口流出影响中心,显著影响关系对由 7 组增至 8 组。

省际人口流入中心较省际人口流出中心变化不大,流入地对流出地的影响呈现出以浙江、广东和北京为中心的"三极化"格局。2020 年浙江对 13 个省份的人口流出具有影响力,比 2010 年减少了 1 个,不过仍居全国首位,尤其对安徽、江西、贵州和云南的人口流出有显著影响($SI_{ij} \geqslant 20\%$)。广东吸引人口流入的省份均为 12 个,居于全国第二位,2020 年对于邻近的湖南、广西、江西三省的人口流出的影响最突出($SI_{ij} \geqslant 20\%$)。北京具有影响力的人口流出地区由 8 个减少为 7 个,除对吉林的人口流出不再具有显著影响外,其影响关系圈的范围和强度均未发生明显改变。江苏在 2010 年和 2020 年均对 6 个省份的人口流出具有影响,不过其对浙江的人口流出不再具有显著影响,而对上海和山西的人口流出影响力有所强化。四川省于 2020 年跻身区域性人口流入影响中心的行列,其显著影响关系对由零组增至 5 组,包括广东、重庆、西藏、青海和新疆。

由此可见,在省际人口迁移过程中,省际人口流出中心处于此消彼长的变化之中,而省际人口流入中心相对稳定。与 2010 年相比,广东和四川分别成为新的区域性人口流出、流入中心。同时，这两省也分别为中国主要的人口流入和流出地区，这反映出两地与其他地区的人口迁移联系逐渐加强。

2.3 省内人口迁移的模式及其变化

省内人口迁移对中国城镇化和区域发展的影响可能比省际人口迁移更为重大。根据流动人口的来源地，可以将省内人口迁移划分为县内迁移、省内县际迁移（以下简称为"县际迁移"）两种。但是，2010 年第六次全国人口普查仅公布了省内人户分离数据和市辖区内人户分离数据。本节将结合 2010 年和 2020 年分县微观数据，汇总各省县际流动人口数据，勾勒中国省内人口迁移的模式及变化。

2.3.1 县内、县际人口迁移的模式及其变化

第一，总体上中国人口迁移模式以省内迁移为主。与省际迁移相比，在省内迁移的人口分布更为分散。

根据表 2.1，在全国层面，2010—2020 年，中国省内流动人口规模由 11 437.04 万人增加至 12 611.10 万人，增速为 10.27%。在省际层面，各省省内流动人口规模普遍增加，广东和浙江两省的增长幅度均在 100 万人以上，而山西、辽宁、吉林、黑龙江、甘肃人口迁移出现不同程度的减少。2010 年和 2020 年省内流动人口的基尼系数均低于同期省际流动人口的基尼系数，表明省内流动人口的空间分布更为分散。与此同时，基尼系数由 2010 年的 0.038 小幅下降至 2020 年的 0.036，表明省内人口迁移规模的空间集聚性略有下降。

对比省内、省际人口迁移，二者规模之比由 2010 年的 2.08 : 1 上升至 2020 年的 2.48 : 1，可见省内流动人口规模的增长快于省际流动人口。根据表 2.1，各省的省际、省内人口迁移规模亦存在显著差异。其中，北京、上海、浙江的省际人口流入均处于绝对优势地位，省内流动/省际流入均小于 1。2010 年中部地区的安徽、江西、湖北、湖南的省际人口流出规模与省内流动人口基本相当，而 2020 年上述省份的省内流动人口规模均超过省际人口流出。其余近三分之二的省份均是以省内人口迁移为主。

表 2.1　2010 年和 2020 年各省(区、市)省内、省际流动人口的空间分布及其比较

（万人）

	省内流动		省内流动/省际流出		省内流动/省际流入	
	2010 年	2020 年	2010 年	2020 年	2010 年	2020 年
北　京	139.73	174.02	3.44	1.37	0.37	0.68
天　津	93.19	107.79	4.37	2.64	0.62	1.17
河　北	646.73	685.68	3.21	3.54	7.00	5.96
山　西	324.74	321.76	4.09	2.86	6.52	6.23
内蒙古	212.03	217.40	3.27	3.44	2.56	3.53
辽　宁	398.17	385.62	5.81	4.10	3.40	4.43
吉　林	241.22	207.69	2.82	2.51	7.13	4.27
黑龙江	330.35	282.60	2.26	1.78	10.26	7.84
上　海	167.90	198.67	4.19	1.56	0.34	0.58
江　苏	671.13	741.30	3.54	3.21	1.37	1.75
浙　江	431.13	550.41	3.22	2.60	0.51	0.82
安　徽	487.72	547.24	0.88	1.61	5.93	2.62
福　建	301.97	347.23	2.71	2.98	1.23	1.63
江　西	384.60	441.63	1.10	1.90	5.51	3.65
山　东	861.02	929.37	4.27	5.34	6.45	5.50
河　南	846.87	906.27	1.56	1.96	19.71	12.05
湖　北	485.27	561.21	1.28	2.38	5.75	3.15
湖　南	562.76	648.93	1.23	2.20	8.17	5.05
广　东	775.40	1 036.40	4.81	3.29	0.56	1.18
广　西	395.53	419.76	1.40	1.98	6.62	4.79

续表

	省内流动		省内流动/省际流出		省内流动/省际流入	
	2010 年	2020 年	2010 年	2020 年	2010 年	2020 年
海　南	73.29	83.04	3.11	3.06	2.17	2.11
重　庆	238.85	301.02	1.30	2.20	3.25	2.28
四　川	760.83	823.30	1.53	2.52	7.23	3.83
贵　州	303.52	327.68	1.13	1.37	5.13	3.84
云　南	411.32	443.01	3.78	2.69	6.62	5.17
西　藏	23.41	28.53	3.74	2.70	2.54	1.68
陕　西	336.13	339.96	2.49	2.78	4.58	4.09
甘　肃	244.86	218.40	2.34	1.61	9.41	6.22
青　海	48.14	51.73	3.21	2.65	2.64	3.09
宁　夏	54.66	63.73	3.63	3.18	2.29	2.54
新　疆	184.59	219.72	6.44	4.05	2.20	1.97

资料来源:同图 2.1。

第二,省内人口迁移模式由县际、县内迁移并重向以县内迁移为主的方向转变。根据表 2.2,2010—2015 年,全国县内、县际流动人口规模分别为 7 862.68 万人和 6 877.07 万人,分别占到同期流动人口总量的 39.18% 和 34.27%,均远高于省际流动人口的比重。2015—2020 年,全国县内、县际流动人口规模分别为 12 034.92 万人和 576.18 万人。在全国层面,县内流动人口规模与县际流动人口规模之比从 2015 年的 1.14 快速增长至 2020 年的 20.89。以上表明,中国县际人口迁移规模呈下降趋势,而县内人口迁移规模急剧扩张,省内人口迁移模式由县际、县内迁移并重向以县内迁移为主的方向转变。

表 2.2　2015 年和 2020 年县际、县内流动人口规模　　　　（万人）

	2015 年		2020 年		县内/县际	
	县内	县际	县内	县际	2015 年	2020 年
全　国	7 862.7	6 877.1	12 034.9	576.2	1.14	20.89
北　京	182.7	139.2	166.2	7.8	1.31	21.27
天　津	92.5	52.7	103.9	3.9	1.76	26.81

续表

	2015 年		2020 年		县内/县际	
	县内	县际	县内	县际	2015 年	2020 年
河 北	358.8	232.4	665.1	20.6	1.54	32.26
山 西	214.7	195.6	308.3	13.5	1.10	22.84
内蒙古	231.8	166.7	206.9	10.4	1.39	19.81
辽 宁	226.4	214.3	369.4	16.2	1.06	22.76
吉 林	171.7	133.4	199.3	8.4	1.29	23.62
黑龙江	198.2	166.2	274.7	7.9	1.19	34.91
上 海	195.2	116.8	187.4	11.3	1.67	16.59
江 苏	466.0	418.2	709.4	31.9	1.11	22.21
浙 江	452.2	300.9	525.6	24.8	1.50	21.16
安 徽	222.0	287.1	518.6	28.6	0.77	18.13
福 建	351.4	269.1	324.9	22.3	1.31	14.54
江 西	203.8	165.0	425.2	16.4	1.23	25.88
山 东	528.2	475.0	894.8	34.6	1.11	25.87
河 南	294.9	310.7	872.4	33.9	0.95	25.75
湖 北	355.8	386.4	532.9	28.3	0.92	18.86
湖 南	291.7	288.4	623.7	25.2	1.01	24.71
广 东	649.3	747.7	969.3	67.2	0.87	14.43
广 西	231.5	209.6	402.7	17.0	1.10	23.65
海 南	38.1	49.2	80.0	3.1	0.77	26.22
重 庆	288.8	185.7	282.3	18.7	1.56	15.08
四 川	567.9	487.1	779.6	43.7	1.17	17.83
贵 州	207.9	145.1	311.7	16.0	1.43	19.44
云 南	241.3	203.2	420.9	22.2	1.19	18.99
西 藏	4.0	7.2	27.1	1.5	0.56	18.43
陕 西	184.0	230.6	324.8	15.2	0.80	21.41
甘 肃	140.5	109.0	210.0	8.4	1.29	24.98
青 海	40.6	26.2	49.0	2.7	1.55	18.23
宁 夏	65.5	53.1	59.5	4.2	1.23	14.06
新 疆	165.3	105.3	209.6	10.2	1.57	20.64

资料来源:2020 年数据同图 2.1。2015 年数据来自 2015 年全国 1% 人口抽样调查
1‰微观调查数据。

第三，县内和县际人口迁移规模的空间分布呈现集中化趋势，而县内和县际人口迁移强度的空间分布则向均衡化演变（见图2.5和图2.6）。中西部地区实现就近城镇化的可行性高于东部地区。

从县内人口迁移来看，各省县内流动人口规模占全国县内流动人口的比例分化明显并呈现集中化趋势。2015年，县内流动人口规模占全国的比例在5％以上的有江苏、浙江、山东、广东、四川五省，合计占全国的份额为33.88％。2020年，县内流动人口规模占全国的比例在5％以上的有河北、江苏、山东、河南、湖南、广东、四川七省，合计占全国的份额为45.82％，上述七省中河北、湖南、河南为新晋省份，这表明县内流动人口规模呈现明显的扩张趋势。从变化上看，福建、浙江、北京、上海等东部省际流入大省明显下降，而四川、重庆亦有下滑。相反，安徽、河南、河北、江西、湖南等中部省际流出大省则明显上升。这表明县内人口迁移规模主要向中部省份集聚和蔓延，各省县内迁移强度也反映了上述趋势。除北京、上海、浙江、重庆、宁夏强度下滑外，其余省份的县内迁移强度均有不同程度的上升。

从县际人口迁移来看，所有省（区、市）的县际迁移强度均有不同程度的下降，北京、内蒙古、福建、湖北、宁夏等省（区、市）下降幅度超过6％。2015年有五个省的县际流动人口规模占全国的比重超过5％，分别为江苏、山东、湖北、广东、四川。2020年同样是五个省，但湖北退出，河南新晋"5％俱乐部"，五省的总份额基本持平，保持在36.6％。空间范围内，东部地区的县际流动人口规模占比最高，但所占比例明显下滑；中部地区所占比例有所提升；西部地区则保持相对稳定。与此同时，县际流动人口规模占比的基尼系数从2015年的0.367上升至2020年的0.388，县际流动人口强度的基尼系数从2015年的0.143下降至0.119。这反映了县际人口迁移规模的空间分布呈现集中化趋势,而县际人口迁移强度的空间分布则向均衡化演变。此外,与县内人口迁移相比,县际人口迁移的空间集聚性更强。反映在基尼系数上,2020 年县内和县际流动人口规模分别为 0.372、0.388,流动人口强度县内和县际分别为 0.038、0.119。

此外,人口迁移的区域模式存在显著的地区差异。县际和县内人口迁移均呈现出:东部地区规模占比高于中西部地区,但东部地区比例下滑、中部地区明显上升的趋势。同时,东部地区的县内、县际人口迁移规模远高于中西部地区,但人口迁移强度呈现出相反的格局。很大程度上是因为省际流入人口规模巨大而使其人口迁移模式呈现出以省际迁移为主导的特征,表明中西部地区实现就近城镇化的可行性要强于东部地区。

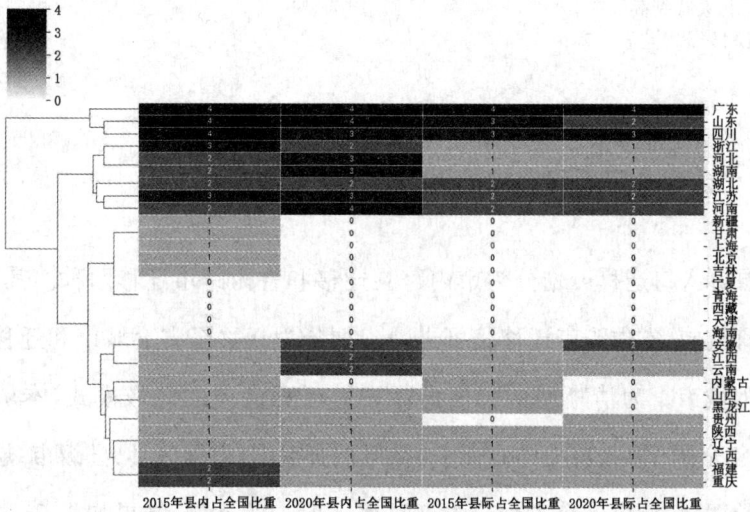

图 2.5　2015 年、2020 年县内/县际人口迁移占全国比重的空间分布格局

注:为保证可比性,采用等距分箱划分为五个等级;等级范围从 0 到 4,数值由小到大对应比重从低到高。

资料来源:同表 2.2。

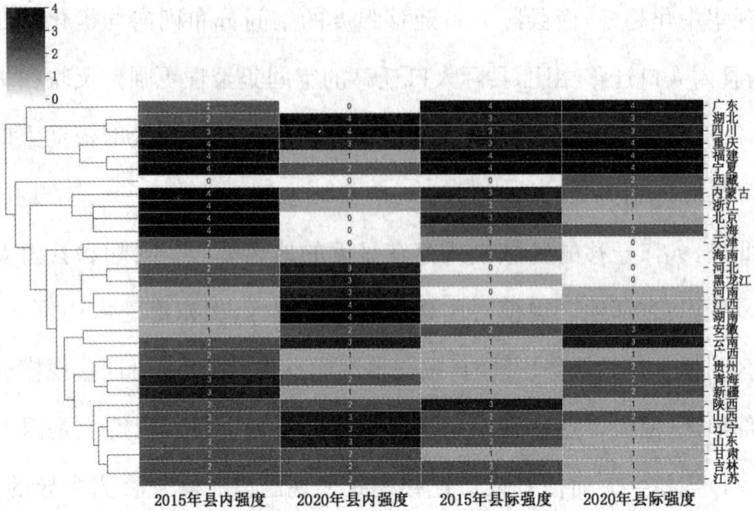

图 2.6　2015 年、2020 年县内/县际人口迁移强度的空间分布格局

　　注:为保证可比性,采用等距分箱划分为五个等级;等级范围从 0 到 4,数值由小到大对应比重从低到高。

　　资料来源:同表 2.2。

2.3.2　县际人口迁移流向的区域差异分析

　　县际人口迁移可划分为市内跨县迁移和省内跨市迁移两种。其中,根据迁移流向,省内跨市迁移又可进一步细分为迁移至省会城市和迁移至省内其他城市。为清晰地刻画出县际人口迁移流向的区域模式,本节基于2015 年全国 1‰人口抽样调查 1‰微观调查数据,根据区县(县级市)层面的迁移数据,汇总出各个省份三类迁移模式所占的比例,结果如表 2.3 所示。我们可以发现:

　　第一,县际迁移的主要目的地为本市的其他区县。从表 2.3 可知,三类迁移模式中,市内跨县迁移占据绝对的优势地位,大多数省份的比例保持在40%以上,河北、辽宁和吉林三省的比例高达 60%。由此可见,空间距离会对人口迁移行为产生影响,大规模的流动人口倾向于选择以市内跨县为代表的就近迁移。但需要注意的是,江苏、湖北、广东、陕西和宁夏五省(区)的市内跨县迁移比重低于 40%,广东低至 25.53%。

表 2.3　2015 年县际人口迁移的流向分析

	市内迁移 (%)	省会(首府) 城市(%)	省(自治区)内 其他城市(%)	省会(首府) 城市排名	迁移规模 首位度
河　北	65.46	12.42	22.12	1	1.824
山　西	50.02	20.77	29.21	1	1.663
内蒙古	51.59	22.81	25.60	1	2.767
辽　宁	61.95	6.82	31.23	2	1.989
吉　林	66.66	14.72	18.63	1	1.505
黑龙江	51.45	31.83	16.73	1	4.951
江　苏	35.75	14.95	49.31	2	1.301
浙　江	45.96	22.48	31.56	1	3.871
安　徽	43.60	29.65	26.75	1	3.276
福　建	51.55	7.41	41.04	2	2.831
江　西	50.00	31.76	18.25	1	4.533
山　东	45.61	13.73	40.66	1	1.155
河　南	47.45	35.71	16.84	1	10.628
湖　北	37.46	43.33	19.21	1	11.070
湖　南	48.02	32.97	19.01	1	7.633
广　东	25.53	15.74	58.72	2	1.141
广　西	50.46	16.25	33.30	1	1.179
海　南	44.66	27.80	27.54	1	1.398
四　川	41.96	32.03	26.01	1	6.320
贵　州	43.26	33.27	23.47	1	4.188
云　南	51.80	32.07	16.14	1	7.479
西　藏	56.07	17.49	26.45	1	1.486
陕　西	37.13	44.47	18.41	1	5.493
甘　肃	42.13	32.20	25.67	1	2.103
青　海	56.93	23.41	19.66	1	2.160
宁　夏	38.42	39.59	21.99	1	4.267
新　疆	47.99	25.66	26.35	1	2.815

注:由于北京、天津、上海和重庆无省会城市和其他城市之分,故将其删除。

资料来源:2015 年全国 1% 人口抽样调查 1‰ 微观调查数据。

第二，省内跨市迁移的主要流向地为省会城市。统计研究表明，省会城市以及一些经济发达的城市是省内跨市迁移的主要集聚地（王宁，2016）。本节的统计结果也表明，几乎所有省份的省内跨市迁移均流向各自的省会城市，仅东部的辽宁、江苏、福建和广东四省受省内其他发达城市（如辽宁大连、江苏苏州、福建厦门和广东深圳）的影响，省会城市流入人口规模居第二位。从迁移规模首位度（首位城市与第二位城市流入人口规模的比值）来看，首位度在 4.0以上的均为中西部省份，其中湖北、河南分别高达 11.07 和 10.63，这主要是由于省会城市与其他城市的发展差距而对跨市迁移产生了巨大吸引力。河北、山西、吉林、西藏、海南、广西和山东的迁移规模首位度均在 1.0—2.0 之间，省会（首府）城市对省（自治区）内其他城市人口迁移的"拉力"并不明显。

第三，通常情况下，县内人口迁移强度较高的省份，省内跨市迁移比重也略高。通过对各省的县内人口迁移率和省内跨市迁移占比进行皮尔逊相关性检验，二者的相关系数为 0.335 7，在 10% 置信水平下呈现弱正相关关系，也就表明某地区流动人口的跨县迁移意愿不强，其跨市迁移的可能性也倾向于更低。如河北、福建、青海等省的县内人口迁移强度均在县际人口迁移强度的 1.5 倍以上，市内人口迁移的比例均高于 50%；广东、湖北和陕西等省均是县际人口迁移强度更高，其省内跨市迁移的比例也均超过 60%。

2.4　城市人口增减分化

2.4.1　省（区、市）、省会（首府）城市人口增减分化

第一，2000—2020 年间，常住人口增长格局发生显著变化。

如图 2.7 所示,依据各省(区、市)在第六、第七次全国人口普查期间的人口变动数据,大多数仍呈现出人口净增长的趋势。2010 年首次记录到省域人口负增长现象,涉及的省(市)有四个,分别是安徽、湖北、四川和重庆。2010—2020 年间,人口减少的省(区)扩增至六个,包括甘肃、山西、内蒙古、辽宁、吉林和黑龙江。与前一期相比,新的负增长省份均为首次出现。本节将 31 个省(区、市)分为三个类型:第一类为持续增长型(第六、第七次全国人口普查时期人口均增长),包括北京、天津、河北、上海、江苏、浙江、安徽、福建、江西、山东、河南、湖南、广东、广西、海南、云南、西藏、陕西、青海、宁夏、新疆。第二类为由减转增型(第六次全国人口普查时期人口减少,而第七次全国人口普查时期转为增长),包括重庆、四川、贵州、湖北。第三类为由增转减型(第六次全国人口普查时期人口增长,但第七次全国人口普查时期转为减少),包括黑龙江、吉林、辽宁、山西、内蒙古、甘肃。

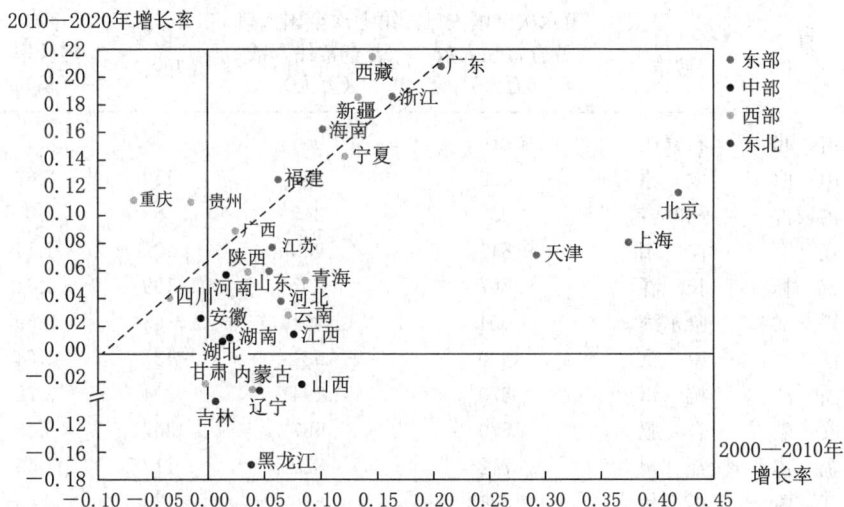

图 2.7　各省(区、市)第六次全国人口普查、第七次全国人口普查常住人口增长率

注:横坐标表示 2000—2010 年的增长率,纵坐标表示 2010—2020 年的增长率。
资料来源:第五、第六、第七次全国人口普查数据。

从第六次全国人口普查到第七次全国人口普查的人口变化来看,常住人口净增长绝对值最高的前五个省份是广东、浙江、江苏、山东、河南。这些地区主要集中在经济发达的珠三角和长三角地区,以及传统的人口大省。相对而言,人口净减少最多的五个省(区)是黑龙江、吉林、辽宁、山西和内蒙古,这些省(区)主要位于东北等地区。

第二,省会(首府)城市正在逐步崛起,省会(首府)城市的第七次全国人口普查人口增速快于其他类别城市,尤其中西部核心城市人口快速增长。

根据表2.4,除黑龙江哈尔滨外,其他所有省(区)的省会(首府)城市的常住人口均呈现增长态势。其中,安徽、河南、湖南、四川、西藏、陕西等中西部省(区)的年均增长率均高于4%。这表明,中西部地区的人口向省会(首府)城市聚集尤为明显。

表2.4　2010年和2020年各省会(首府)城市常住人口变化情况

省 (区、市)	省会(首府) 城市	第六次全国人口 普查常住人数 (万人)	第七次全国人口 普查常住人数 (万人)	变化额 (万人)	年均 增长率 (%)
河　北	石家庄	1 016	1 064	48	0.47
山　西	太　原	420	530	110	2.62
内蒙古	呼和浩特	287	345	58	2.02
辽　宁	沈　阳	811	903	92	1.14
吉　林	长　春	767	907	139	1.81
黑龙江	哈尔滨	1 064	1 001	−63	−0.59
江　苏	南　京	800	931	131	1.64
浙　江	杭　州	870	1 194	324	3.72
安　徽	合　肥	570	937	367	6.43
福　建	福　州	712	829	118	1.65
江　西	南　昌	504	626	121	2.40
山　东	济　南	681	920	239	3.51
河　南	郑　州	863	1 260	397	4.61
湖　北	武　汉	979	1 232	254	2.59

省 (区、市)	省会(首府) 城市	第六次全国人口 普查常住人数 (万人)	第七次全国人口 普查常住人数 (万人)	变化额 (万人)	年均 增长率 (%)
湖 南	长 沙	704	1 005	301	4.27
广 东	广 州	1 270	1 868	597	4.70
广 西	南 宁	666	874	208	3.13
海 南	海 口	205	287	83	4.04
四 川	成 都	1 405	2 094	689	4.90
贵 州	贵 阳	432	599	166	3.85
云 南	昆 明	643	846	203	3.15
西 藏	拉 萨	56	87	31	5.51
陕 西	西 安	847	1 295	449	5.30
甘 肃	兰 州	362	436	74	2.06
青 海	西 宁	221	239	18	0.81
宁 夏	银 川	199	286	87	4.34
新 疆	乌鲁木齐	311	355	44	1.41

资料来源:同图 2.7。

第三,东部地区常住人口增速最快,2010—2020 年出现部分人口向中西部地区回流的趋势,东北地区人口加速流出和减少。

分地区来看,如表 2.5 所示,2020 年东部地区人口占比最高(39.99%),其次是西部地区(27.16%)和中部地区(25.87%),东北地区人口最少(6.99%)。改革开放以来,人口迁移"孔雀东南飞"的大趋势保持不变,东部地区常住人口一直保持高速增长(2010—2020 年合计增速 11.37%)。2010年后,跨省人口迁移因中西部承接东部地区产业转移、人口老化等明显放缓,部分人口回流到中西部,2010—2020 年中西部地区常住人口增速明显高于 2000—2010 年。此外,东北三省常住人口增速在 2010—2020 年均转负,结合表 2.4、图 2.4 可得出,东北三省中黑龙江人口形势最为严峻。随着全国总人口

表 2.5　2010 年和 2020 年不同区域常住人口变化情况

	第六次全国人口普查常住人数（万人）	第七次全国人口普查常住人数（万人）	2020 年占比（%）	增速（%）
东部	50 617.32	56 371.71	39.99	11.37
中部	35 672.51	36 469.44	25.87	2.23
西部	36 035.62	38 287.56	27.16	6.25
东北	10 952.08	9 851.49	6.99	−10.05

资料来源:同图 2.7。

的负增长趋势,预计省级层面和区域层面的人口增减分化将进一步加剧。

第四,高级别城市常住人口持续大幅流入,中等级别城市流入放缓或基本平衡,低级别城市则呈现持续净流出。

如表 2.6 所示,本节将 298 个地级及以上行政单位划分为 T1、T1.5、T2、T3、T4、T5 六个等级。其中,T1 等级城市是指综合实力顶尖的全国性中心城市,具体为北京、上海、广州、深圳 4 个城市;T1.5 等级城市主要包括大部分区域中心城市、副省级城市、计划单列市以及少数经济特别发达的地级市,共 15 个;T2 等级城市主要包括其他发展水平较高的省会城市、部分计划单列市以及一批经济实力较强的地级市,共 30 个;T3 等级城市主要包括发展水平中等的省会城市和部分经济规模较大或区域影响力较强的地级市,共 70 个;T4 等级城市、T5 等级城市为较弱小、弱小的地级市,分别为84、95 个。基于"人随产业走、人往高处走"的人口迁移逻辑,T1、T1.5 和T2 等级城市常住人口持续大幅流入,增速均高于 15%。其中,T1.5 等级城市的增速最高,达到了 27.35%。T3 等级城市稍有流入,增速 1.83%。T4 和T5 等级城市的常住人口均为负增长,分别为−0.58%、−3.23%。从常住人口的总体分布结构来看,大部分人在 T3 和 T4 等级城市,合计占比约 50%。

表 2.6 2010 年和 2020 年分不同城市等级常住人口变化情况

城市等级	第六次全国人口普查常住人数（万人）	第七次全国人口普查常住人数（万人）	2020 年占比（%）	增速（%）
T1	6 569	8 300	6.02	26.35
T1.5	15 486	19 722	14.30	27.35
T2	18 713	21 530	15.61	15.05
T3	39 190	39 906	28.93	1.83
T4	30 766	30 588	22.18	−0.58
T5	18 488	17 890	12.97	−3.23

资料来源:同图 2.7。

T2 以上等级城市人口仅占 20.32%(T1 和 T1.5),总体遵循二八法则。

2.4.2 城市群人口增减分化

基于前述结论,可以发现省际和省内人口迁移格局正在发生显著变化:传统的人口流入中心对周边地区的辐射作用有所减弱,中西部内陆地区对人口的吸引力不断增强,人口迁移呈现出更加均衡化的趋势。然而,仅从省际和省内的角度考察人口迁移,已不足以全面概括当前的人口迁移动向和城市人口增减分化的特征。随着城市化进程的深入,城市群作为区域经济发展的核心载体,正日益成为人口集聚和迁移的重要空间。传统的按省级行政区划分析的方法,难以准确反映人口迁移的空间特征和城市人口变化的内在规律。因此,有必要从城市群的视角出发,深入研究人口迁移对城市人口增减分化的影响。

特别是,除了关注东部地区已经成熟的城市群(如长三角和珠三角),还应重视中西部地区潜在形成城市群的区域。这些区域在经济发展和人口集聚方面展现出新的活力，对理解中国人口迁移和城市化发展的新趋势具有重要意义。

基于此，下面的内容进一步将城市群人口增减分化纳入研究框架，揭示中国城市群人口增减分化的新变化。

在人口迁移的过程中，中国的城镇化水平持续提升。人口迁移的方向引起了城市人口的增减变化，从而影响了城市群的结构和空间布局，以及不同区域的人口动态。城市群是支撑中国经济高质量发展的核心平台，而长三角、珠三角、京津冀、长江中游和成渝城市群则被视为国家重要的区域增长极。

第一，人口迁移引致城市群与非城市群之间、城市群与城市群之间的人口增减分化，其中珠三角和长三角城市群的人口增速最快。根据表 2.7，从常住人口角度看，2010 年 19 个城市群的人口占全国的比重为 82.69％，2020 年这一比重进一步扩大到 84.55％。分不同城市群看，珠三角城市群常住人口占全国份额的提升速度最快（＋1.32％），其次为长三角城市群（＋0.94％）。此外，黔中、成渝、山东半岛城市群等均有一定程度的提升。相比之下，中原、长江中游、京津冀城市群等的份额均出现一定比例的下降。值得一提的是，哈长城市群份额下降最为明显（－0.62％），2020 年城市群常住人口甚至低于 2010 年。

第二，长江中游腹地（长江中游城市群）以及华北平原（以河南为代表的中原城市群）或将成为未来人口减少的重心。本章将城市群分为两类，一类是 2020 年常住人口大于户籍人口的城市群，另一类则是常住人口小于户籍人口的城市群。如图 2.8 所示，第一类通常是经济发展较为活跃的区域，吸引了大量外来人口，人均 GDP 表现也较为优异，例如长三角、珠三角城市群等。第二类往往是人口外流较为严重的区域，主要为中西部地区和东北地区的城市群,例如哈长和中原城市群等。值得注意的是,虽然长江中游城市群的人均 GDP 高于平均水平,但受到行政分界、地理隔阂、大规模人口外流以及体制机制障碍的影响,其发展潜力受到了一定的限制。

表 2.7　2010 年和 2020 年分不同城市群常住人口分布及变化

城市群	2010 年		2020 年				
	常住人数（万人）	占全国比例（％）	常住人数（万人）	占全国比例（％）	相较 2010 年变动（％）	户籍人口（万人）	GDP（亿元）
长三角	14 349	10.77	16 509	11.71	0.94	13 263	197 349
中　原	15 822	11.87	16 385	11.62	−0.25	19 099	78 519
长江中游	12 111	9.09	12 653	8.98	−0.11	13 556	91 501
京津冀	10 958	8.22	11 295	8.01	−0.21	10 896	86 705
成　渝	9 576	7.18	10 271	7.29	0.10	11 011	65 060
山东半岛	9 449	7.09	10 153	7.20	0.11	10 147	70 474
海峡西岸	8 842	6.63	9 415	6.68	0.04	9 699	67 556
珠三角	5 613	4.21	7 801	5.53	1.32	3 777	86 899
关中平原	4 274	3.21	4 343	3.08	−0.13	4 485	21 609
北部湾	3 691	2.77	4 146	2.94	0.17	4 671	19 586
哈　长	4 665	3.50	4 066	2.88	−0.62	4 398	20 129
辽中南	3 313	2.49	3 276	2.32	−0.16	3 104	21 693
黔　中	1 388	1.04	2 196	1.56	0.52	2 492	10 348
滇　中	1 459	1.09	1 648	1.17	0.07	1 466	11 064
山西中部	1 561	1.17	1 609	1.14	−0.03	1 552	8 722
兰　西	1 163	0.87	1 225	0.87	0.00	1 227	5 564
呼包鄂榆	1 081	0.81	1 193	0.85	0.04	1 023	13 246
宁夏沿黄	507	0.38	606	0.43	0.05	540	3 426
天山北坡	388	0.29	401	0.28	−0.01	408	4 386
合　计	110 212	82.69	119 192	84.55	1.85	116 814	883 836

资料来源:GDP 数据源自国家统计局,其余同图 2.7。

人均GDP
（万元/人）

图表

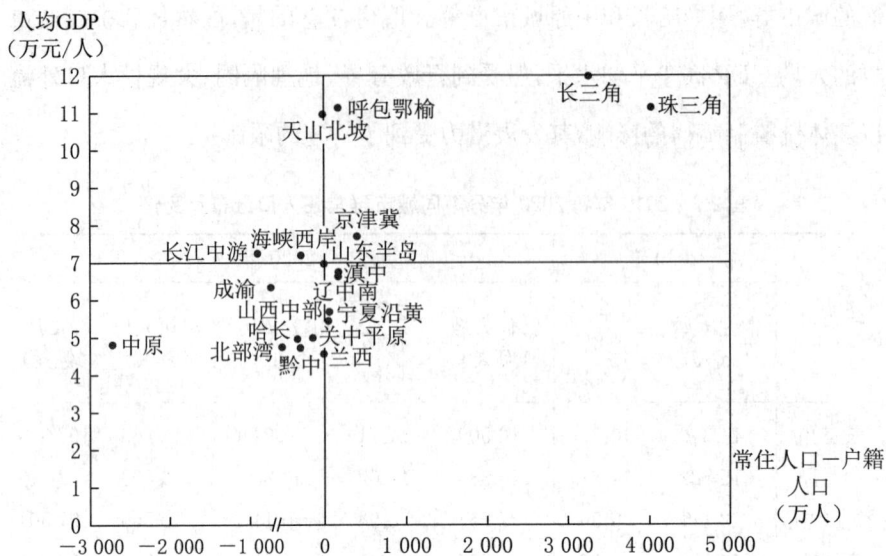

图 2.8　各城市群人均 GDP、人口情况

注：横坐标表示该城市群常住人口数减去户籍人口数，纵坐标表示城市群的人均 GDP。

资料来源：同图 2.7。

2.5　本章小结

　　人口迁移是一个复杂而激烈的现象。尤其在中国，自 21 世纪特别是 2010 年以来，中国人口迁移仍在进一步增强，乡土中国向流动中国的演变趋势势不可挡。尽管对于人口迁移的问题，学术界已经取得了较为丰硕的研究成果，但省内人口迁移研究仍相对匮乏，且鲜有研究将人口迁移的后果，即城市群人口增减分化，放入研究框架之中。国内迁移又分省际迁移和省内迁移。进一步细分，省内迁移还可以分为县际迁移和县内迁移；县际迁移又可划分为市内跨县迁移和省内跨市迁移。而"区域-城市群-省份-城市"常住人口增减分化,与人口迁移流动密切相关。城市群作为人口集聚和经济发展的核心单元,已成为研究人口增减分化的关键视角和核心单元。本章通过分析省际到省内、县际再到县内的多层次人口迁移过程揭示了人口迁移新动态,并将城市群人口增减分化纳入了研究框架。结果表明:

(1) 省际人口迁移方面,原有的流入中心辐射作用在减弱,中西部地区相当比例的回流现象昭示了迁移格局的均衡化。

(2) 省内迁移占比进一步提升,迁移模式由县际和县内迁移并重转变为主要以县内迁移为主。县际迁移的主要目的地为本市的其他区县,而省会城市是省内跨市迁移的首要选择。

(3) 城市群已成为人口增减分化的核心单元。城市群与城市群之间、不同城市群之间均出现人口增减分化。人口更明显地向一二线等超大和特大城市集聚,四五线城市人口持续净流出,并在此基础上带动城市群的演变。特别是珠三角、长三角等城市群人口持续增长,而东北地区(哈长)和长江中游腹地、华北平原等城市群则面临人口持续负增长的风险。这表明,城市群的人口动态对于理解区域发展差异和制定相关政策具有重要意义。

首先,省际人口迁移传统格局正在变化,总体呈现均衡化态势。东部地区仍是主要流入地,中西部地区仍是主要流出地,但传统流入中心辐射作用在下降,人口回流现象昭示着内陆地区吸引人口流入的能力不断增强,且省际人口双向迁移趋于频繁。

其次,人口迁移已形成以省内为主、省际为辅的分布特征,省内人口迁移模式也经历了显著的变化。总体上,省内迁移人口分布更为分散,迁移模式由县际、县内迁移并重向以县内迁移为主的方向转变,中西部地区实现就近城镇化的可行性高于东部地区。

再次,县际迁移的主要目的地为本市的其他区县。省内跨市迁移的主要流向地为省会城市。

最后,城市群已成为人口增减分化的核心单元。城市群与城市群之间、不同城市群之间均出现人口增减分化。人口更明显地向一二线等超大和特大城市集聚,四五线城市人口持续净流出,并在此基础上带动城市群的演变。特别是珠三角、长三角等城市群人口持续增长,而东北地区(哈长城市群)和长江中游腹地、华北平原等城市群则面临人口持续负增长的风险。这表明,城市群的人口动态对于理解区域发展差异和制定相关政策具有重要意义。

第3章 人口迁移视角下中国城市群的发展阶段

3.1 引言

作为城市化进程达到高级阶段的结果,城市群已成为全球化和区域经济一体化中新的具有竞争力的地理单元(方创琳,2014;曹诗颂等,2017)。从单一城市向高度一体化集群的发展,是一个自然、复杂且分阶段的演变过程(陈群元、喻定权,2009)。在这个过程中,基础设施建设、城市层级分布以及城市间空间互动频率都起着至关重要的作用(王丽等,2013)。

已有文献大多基于空间互动程度和社会经济发展水平来划分城市群的发展阶段,且目前尚未达成一致结论(张苏文、杨青山,2018)。而人口迁移作为城市群演化的基本动力之一,少有研究关注其在城市群演变过程中整合城市内部的纽带作用(周一星、张莉,2003)。因此,对这一问题的探究将有助于更清晰地阐释城市群的演变过程。

由于城市化的快速发展以及区域发展水平的差异,发展中国家的城市观测系统逐渐成为近期研究的主要样本，这在中国尤为明显。20 世纪 80 年代以来，中国出现了规模空前的农村人口向城市迁移的现象。为推进新型城镇化，中国划定了 19 个重点发展的城市集群（方创琳，2014），这些城市集群覆盖了国内大部分地区，不同集群间经济社会发展水平差异明显（黄金川、陈守强，2015；张国俊等，2018）。在宏观政策指导中，对城市群的划分主要基于地理邻近性和区域均衡发展理念，而非城市和经济地理的自然演化规律。至于这些城市集群①处于怎样的发展阶段，是否具备"城市群"的基本发展特征，以及能否在长期实现政策规划中期望的区域协调发展，目前尚不明晰。因此，探究中国城市集群的人口迁移特征，不仅可以为城市群阶段理论提供丰富的证据，也可以为中国城市集群的识别和规划提供指导。

本章将首先建立一个理论框架，阐明城市群的发展阶段及其相应的人口迁移空间特征，随后对中国 19 个城市集群的人口迁移空间特征展开研究，以深入理解城市群的演变机制。本章其余部分安排如下：第 3.2 节将全面回顾与城市群发展相关的理论与研究现状；第 3.3 节介绍城市群发展阶段的理论框架；第 3.4 节将讨论研究区域、数据以及如何识别节点、层级结构和城市间的相互作用；第 3.5 节将通过实证分析人口迁移的空间特征，识别城市集群的发展阶段和模式。最后，第 3.7 节总结了本章与现有文献之间的关联，并指出未来可能的研究方向。

3.2 城市群发展阶段理论

城市群不仅是地理上相邻的几个城市的集群，也是一种高度一体化的空

① 本章将这 19 个规划中的"城市群"表述为"城市集群"，以更好地分析其在发展为"城市群"的过程中所处的不同阶段，后之章节将仍采用"城市群"这一简化表述。

间存在。戈特曼(Gottmann，1961)提出了"巨型城市"的概念(Fang and Yu，2017)。目前,学界对"超大城市"的定义仍未达成一致(Wei et al.，2017)。已有研究采用了多种术语来描述城市群,包括城乡融合区(Desakota)、城市区域(urban regions),集中城市区域(concentrated urban areas)、都市综合区(MIRs)、新型城市群带(new urban cluster belt)等(Fang and Yu，2017)。这些概念也反映了社会经济和人类发展不同阶段对这一特殊空间组织的不同理解。

城市群的发展阶段对于深入了解其演变过程至关重要(陈群元、喻定权,2009)。然而,与对城市群的基本概念、动力机制、产业结构等方面的研究相比,对于演变过程的讨论略显薄弱(Wang et al.，2012)。一些已有研究基于极化和扩散的影响,从理论上总结出了城市群的几个不同发展阶段。例如,官卫华和姚士谋(2003)提出城市群将经历城市区域、城市群、城市群集群和巨型城市的演变过程。刘士林(2012)提出了城市群的时空演化路径为邻近都市区到都市群、特大城市、特大区域和超特大区域。有研究将这种演变定义为"四次扩张",即都市区、都市区带、大都市区带和巨型城市(Fang and Yu，2017)。

在每个阶段,城市群通常呈现出不同的空间结构模式(张苏文、杨青山,2018)。最近,随着"流空间"(space of flow)的广泛应用,越来越多的流数据被用于城市空间互动的可视化展示中,例如通勤流(De Goei et al.，2010)、交通流(如公交、铁路、航空)(焦敬娟等,2016)、信息流(如微博、通信)(董超等,2014；王波等,2015)、银行或企业分支机构(马学广、李鲁奇,2017；吴康等,2015)、技术知识数据(如合作专利、合作出版)(Li and Phelps，2017；周灿等,2019)等。

一些研究指出,城市群的空间结构会经历从孤立阶段到单中心阶段,再到多中心和网络化阶段的演变过程(朱杰,2009;王珏等,2014;Wang et al.,2014;曹诗颂等,2017)。总体而言,这些研究虽然对城市群发展阶段的划分存在差异,但都指出了城市群从简单到复杂、从孤立到整合的逐步演变过程(陈群元、喻定权,2009)。然而,大多数研究对不同空间结构的定义解释不明确,例如如何定义多中心结构,如何区分网络化与非网络化模式等,导致难以展开实证检验。

此外,尽管空间结构一直是城市群研究的一个重要方面并被广泛讨论,但它只是城市群的一个方面。鉴于城市群的复杂性,我们需要一个多角度的全景视图来涵盖其他细节。一些文献通过建立多重指标体系来衡量城市群的社会经济发展水平,如经济水平、开放程度和基础设施等,从而探讨其演变过程。例如,刘荣增(2003)将演变过程分为初始阶段、过渡阶段和相对成熟阶段。方创琳等(2005)将其分为初始阶段、快速发展阶段、成熟阶段、准繁荣阶段和繁荣阶段。类似于方创琳等人的划分,陈群元和喻定权(2009)将其分为初始阶段、快速发展阶段、准成熟阶段和成熟阶段。但这些研究忽略了时空特征的整合(张苏文、杨青山,2018)。因此,为将空间结构与城市群的其他本质特征相结合,还需另提出一种全新的方法。

尽管学界对城市群的定义存在分歧,但已有文献的共同特征仍可为后续研究提供有益参考。第一,城市群的形成和发展基于优越的区位条件和自然禀赋,例如庞大的人口和经济规模、高度的城市化率、发达的基础设施等,都可被视为城市群形成的前提(姚世谋等,2006)。第二,城市间的互动是区分城市群与城市集群的关键特征(官卫华、姚士谋,2003)。空间上的互动,如人口迁移、信息流、资本流和物流,都会影响不同等级城市的增长和空间格局(王少剑等,2019)。谭荣辉等(Tan et al.,2016)的研究发现,空间互动对区域城市化的影响甚至超过了社会经济驱动因素。第三,许多研究证实了多中心和网络化的城市复合体可能是城市群的主要形态(Batten,1995;Vasanen,2012),这暗示了多个次区域会通过多种流动相互融合(De Goei et al.,2010)。这些次区域通常被称为都市区(方创琳,2009;宁越敏,2011),并被视为城市群的基本单位(肖金成,2009;Fang and Yu,2017)。第四,合理的等级和规模分布保证了城市群的可持续发展。作为一个完整的城市复合体,大量的中小城市与城市群中的中心城市相互交织(赵维良、王呈慧,2014;Fang and Yu,2017;Portnov,2006;刘秉镰、高子茗,2023)。在过去的研究中,城市的数量和等级经常被用来描述城市系统(蒋海兵等,2018)。此外,由于首位城市规模庞大、等级较高且经济发达,其重要性也被学者们强调(王丽等,2013)。

除了前述不足之外,不同阶段人口迁移特征方面的研究也相对匮乏。人口增长和分布的动态变化是城市群发展的关键特征之一(盛广耀,2018)。尽管张国俊等(2018)描述了不同阶段的人口迁移网络,但他们没有提供足够详细、明确的证据来支持其结论。本章将提出,人口迁移可以作为衡量城市群发展阶段的更有效的维度,因为它不仅根据"推拉理论"反映了社会经济发展的总体程度,还通过规模和各向异性特征(即城市之间在不同方向上的迁移流动情况)反映了城市之间的互动。

3.3　中国城市群发展及其研究现状

自 20 世纪 80 年代以来,越来越多的学者致力于从空间结构和社会经济发展角度探讨中国城市群的发展特征(Wang et al.,2012)。一些学者利用多种数据分析中国城市群的空间结构发现,中国大多数城市群呈现出多中心化的趋势(孙斌栋等,2017;Lan et al.,2019)。然而,从城市间知识合作的角度来看,周灿等(2019)认为大部分城市群仍然表现出形态和功能上的单中心性。尽管这些观点存在分歧,但更多学者达成共识,即中国城市群的空间结构也表现出区域差异,而其网络化结构仍不完整且不紧密(赵渺希等,2016;马学广、唐承辉,2018;周灿等,2019)。不同发展阶段的城市群呈现各异的空间格局(张伟丽等,2023),一些东部地区的城市群,特别是长三角和珠三角城市群,初步形成了多中心和网络化的空间格局(吴康等,2015;Liu et al.,2016;赵渺希等,2016)。与此同时,以省会城市为主导的其他城市群则表现出向心结构(陈伟等,2017)。

其他研究者从不同方面使用多维指标体系来评估社会经济发展水平,例如整合程度、城市化质量、环境友好程度、投入产出效率等(方创琳等,2005;周克昊等,2014;黄金川、陈守强,2015;张国俊等,2018)。在国家层面上,大多数城市集群仍处于城市聚集的初始阶段,但东部沿海地区的城市群整体发展水平高于其他地区。东部沿海地区最具标志性的城市群,也就是中国最具代表性的长三角、珠三角和京津冀城市群,受到了更多关注,并被认为具有潜力成为世界级城市群(方创琳等,2005;张国俊等,2018)。但一些研究发现,由于平衡度和整合度较低,京津冀城市群尚未达到与长三角和珠三角城市群同等的梯度(黄金川、陈守强,2015;宋迎昌、倪艳亭,2015)。其余城市集群的发展水平差异仍相对模糊,例如长江中游、成渝、哈长等,因此越来越多的学者将目光转向了这些城市集群(周克昊等,2014;袁朱,2014;张苏文、杨青山,2018)。

现有文献也忽略了中国城市群的人口迁移特征。过去 40 年中,中国的城市化取得了巨大的成就,国家统计局发布的新中国 75 年经济社会发展成就系列报告显示,人口城镇化率从 1978 年的 17.92% 上升到 2023 年的66.16%。从农村到城市的大规模人口迁移是城市化的主要驱动力。但是相关研究大多数从省际层面关注一些特大城市的人口迁移，而只有少数研究关注城市间的迁移网络（王珏等，2014；Lao et al.，2018；张伟丽等，2023）。近年来，中国进入了由城市群推动的新型城镇化阶段（方创琳，2014），这意味着城市间的人口迁移可以为中国城市化提供更深入的见解，因此值得深入分析。

中国城市群的发展阶段缺乏明确划分，这会阻碍其发展（汪彬，2018）。例如，某些地方政府急于建设"城市群"，却无视其地理条件或社会经济水平。还有一些地方政府试图联合构建"城市群"以扩大其影响范围，并在国家发展中提升其战略地位（王婧、方创琳，2011）。城市群的规划与发展阶段之间的不匹配导致了一系列问题，包括低紧凑度、投入产出效率低下、政府干预过多以及对未来发展前景的高估等（方创琳，2011）。例如，一些规划通常试图将一堆城市纳入一个"城市群"以使其呈现多中心的形态，但这些城市在功能上难以融合，实际上仍应被视为"一群城市"（a cluster of cities）（Liu et al.，2016）。除了这种高整合度错觉外，这些措施甚至可能因为省会城市的优惠政策而阻碍中小城市的发展（方创琳、刘海燕，2007；Liu et al.，2016）。因此，有必要加强对中国城市群发展阶段的研究。

·

3.4　理论框架

聚集与扩散的过程相继驱动城市群的发展，并引导人口迁移（盛广耀，2018）。在城市群的不同发展阶段，这两种效应会导致人口迁移的不同空间特征。为了厘清城市群的发展阶段及其对应的人口迁移空间特征，我们采用并修正了巴滕（Batten，1995）和德戈伊等（De Goei et al.，2010）提出的三

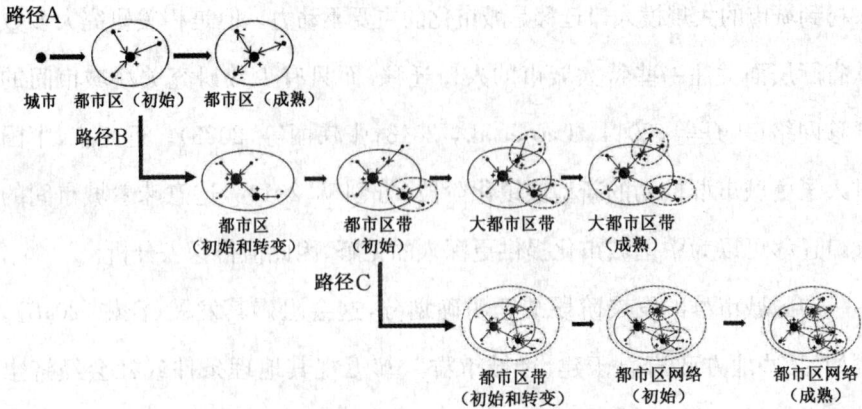

图 3.1　城市群发展阶段的理论框架

注：椭圆代表城市群；黑点代表城市，尺寸越大，城市规模就越大；线条代表人口迁移流向，箭头代表方向；"＋"代表城市净流入人口（流入人口多于流出人口），"－"代表城市净流出人口（流出人口多于流入人口）。

种空间结构配置（单中心辐射结构、走廊结构和网络化结构），构建了一个多维模型，并提出城市群沿着以下三个时间路径演化（见图 3.1）。

（1）路径 A。

城市群的演变始于人口从周边地区向中心城市迁移。在初始阶段，中心城市对其周边地区的虹吸效应不断增强，并演变为大都市。随着人口集聚的不经济效应增强，集聚过程转变为扩散过程，中心城市的扩张逐渐放缓，更多人口选择迁移到周边地区。到了成熟阶段，周边地区与大都市之间的人口迁移变为双向互动。中心城市对其周边地区的影响表现为积极的溢出效应，反映了这种互动的意义。最终，由于城市层级结构的扁平化，这类城市群的吸引力或影响力很大程度上取决于大都市的发展水平。

由于只有一个大都市处于主导地位，并接受来自周边的大量定向生产要素流，路径 A 的形态通常被视作单中心辐射结构。在中国，我们将沿路径 A 演变的城市群称为都市区（metropolitan regions）（初始或成熟阶段），而非西方国家普遍使用的大都会区(metropolitan areas)。两者在概念上相似,但地理规模有所不同。与西方国家城市群中大都会区的作用一样,本章认为都市区是中国城市群的基本单元。然而,中国的地级市通常由一个中心城区和几个县组成,其面积通常大于北美、欧洲和日本的地级市(李铁,2019)。大都会区通常被视为连接中心城区及其邻近县的通勤圈或日常生活圈,而都市区更像是通过经济联系将中心城市与周边城市相连的引力圈(姚世谋等,2006)。

(2) 路径 B。

对于人口密度更高、对外来大规模迁移者更具吸引力的都市区而言,在第一座大都市与周边地区形成双向互动之前,第二座大都市可能会在扩散过程中出现。伴随着都市区的形成,第二座大都市扩展了整个城市群的边界。当第二座大都市向第一座大都市流入的人口迁移规模远大于反向迁移时,这个城市群的主要发展仍由第一座大都市主导,并主要表现为聚集过程。在这一情况下,我们认为该城市群仍处于都市区阶段。然而,由于存在双向互动和扩散过程,这个城市群可能会逐渐转变为另一个发展阶段——都市区(转变阶段)。

随着第一座大都市的不经济效应加剧,第一座大都市向第二座大都市的人口迁移规模也会增加,两座大都市的互动趋于双向。这一扩散过程将导致两个都市区的整合,开始形成多层次的城市层级和城市功能的分工。因此,与单独的都市区相比,这一阶段会产生更强的城市聚集效应。空间结构则从单中心转变为走廊结构(也称为双核结构),并将呈现走廊结构的城市群称为都市区带(初始或成熟阶段)。与都市区类似,大都市与周边地区之间的互动特征决定了这类城市群处于初始还是成熟阶段。

(3) 路径 C。

都市区带中较强的城市聚集效应可能通过继续扩展城市群的边界并吸

引外来迁移者来延长整个城市群的聚集过程。与此同时,由于前期大都市人口聚集的不经济效应,可能会出现一座或多座新的大都市及其对应的新都市区。如果后期的大都市仅与第一座大都市建立双向互动,我们认为这种城市群仍处于都市区带阶段(转变阶段)。

如果至少三座大都市通过彼此之间的双向互动构成了至少一个闭合回路,则表明网络化结构已经形成,城市群的演变已进一步达到最终阶段——都市区网络(初始或成熟阶段)。与城市群的前几个阶段一样,大都市与周边地区之间的互动特征决定了这种城市群处于初始还是成熟阶段。值得注意的是,多个大都市的空间结构在现有研究中被错误地视为等同于网络化结构,但实际上它只是网络化的必要而非充分条件。只有三座或更多大都市之间的双向互动才能产生网络化整合,从而彻底提高城市集聚水平。同时,城市层级将更加丰富,城市功能分工也更加合理,整个城市群巨大的集聚效应将显著促进区域甚至国家的发展。当这些大都市持续并最终演变为世界城市网络时,城市群也可被视为巨型城市区域。

3.5 实证策略

3.5.1 研究区域的确定

在接下来的部分中,我们将尝试通过探索人口迁移的空间特征来评估中国城市群的发展阶段。在国家"十三五"规划提出的 19 个拟建城市群中,由于城市群的开放性和动态特性,其具体边界难以严格确定(姚世谋等,2006)。中央与地方政府已经确定了拟建城市群的成员城市,但许多学者认为这些城市集群的边界过于宽泛(陈守强、黄金川,2015)。我们主要采用了方创琳(2014)的研究成果,其定义被国家发改委引用(见表 3.1)。这 19 个城市集群所包含的城市占全国地级行政区的 47%,其土地资源占全国的比重为 29.12%,其人口占全国总人口的 76.47%,并贡献了全国 80.65% 的 GDP(方创琳等,2018)。其中,长三角、珠三角、京津冀、长江中游和成渝被视为国家级城市群,其他城市集群则预计将成为各自地区发展的中坚力量。

表 3.1　中国主要城市集群规划范围

序号	城市集群	城市数量	涵盖的城市	区域
1	京津冀	10	北京、天津、石家庄、唐山、秦皇岛、保定、张家口、承德、沧州、廊坊	东部
2	晋中	6	太原、晋中、阳泉、忻州、长治、临汾	中部
3	辽中南	12	沈阳、大连、丹东、锦州、营口、盘锦、葫芦岛、鞍山、抚顺、本溪、辽阳、铁岭	东部
4	黔中	4	贵阳、遵义、安顺、毕节	西部
5	中原	9	郑州、洛阳、开封、新乡、焦作、许昌、济源、平顶山、漯河	中部
6	滇中	4	昆明、曲靖、玉溪、楚雄	西部
7	成渝	16	重庆、成都、德阳、绵阳、眉山、资阳、乐山、自贡、泸州、内江、宜宾、遂宁、雅安、南充、达州、广安	西部
8	关中	10	西安、咸阳、宝鸡、铜川、渭南、商洛、延安、天水、庆阳、平凉	西部
9	哈长	10	哈尔滨、大庆、齐齐哈尔、绥化、牡丹江、长春、吉林、松原、四平、辽源	中部
10	呼包鄂榆	7	呼和浩特、包头、鄂尔多斯、乌兰察布、巴彦淖尔、乌海、榆林	西部
11	兰西	6	兰州、白银、西宁、定西、临夏、海东	西部
12	长江中游	31	武汉、南昌、长沙、黄石、荆门、荆州、鄂州、孝感、黄冈、咸宁、宜昌、仙桃、潜江、天门、襄阳、株洲、湘潭、衡阳、岳阳、益阳、常德、娄底、九江、景德镇、鹰潭、新余、抚州、宜春、萍乡、上饶、吉安	中部
13	宁夏沿黄	4	银川、石嘴山、吴忠、中卫	西部

序号	城市集群	城市数量	涵盖的城市	区域
14	天山北坡	9	乌鲁木齐、昌吉、米泉、阜康、石河子、乌苏、奎屯、克拉玛依、五家渠	西部
15	珠三角	9	广州、深圳、珠海、佛山、江门、肇庆、惠州、东莞、中山	东部
16	山东半岛	13	济南、青岛、烟台、威海、日照、东营、潍坊、淄博、泰安、莱芜、滨州、德州、聊城	东部
17	北部湾	6	南宁、北海、钦州、防城港、玉林、崇左	西部
18	海峡西岸	11	福州、厦门、漳州、泉州、莆田、宁德、潮州、揭阳、汕头、汕尾、温州	东部
19	长三角	16	上海、南京、无锡、常州、苏州、南通、扬州、镇江、泰州、杭州、宁波、嘉兴、湖州、绍兴、舟山、台州	东部

然而,大部分,尤其是内陆地区的城市集群的发展水平较低。北部湾、哈长和兰西城市集群中许多城市(尤其是一些大都市周边的城市)的2018年的城市化率低于50%,并且长期以来变化不大。换言之,这些地区在很长一段时间内将呈现以农业活动为主的社会形态,更无聚集效应可言。此外,宁夏沿黄(105人/平方千米)、呼包鄂榆(53人/平方千米)和天山北坡城市集群(47人/平方千米)的人口密度远低于全国平均人口密度(2010年为143人/平方千米)。根据黄金川和陈守强(2015)的研究,这些地区也不能被视为城市群。显然,上述这些"城市群"主要是由政府政策驱动的,而非聚集效应促使的。尽管其他城市集群的城市化率也刚刚超过50%,但其增长速度很高,因此可以预期在未来短期内具有较大可能性发展为城市群。因此,我们将主要关注剩余的14个城市集群。

3.5.2 人口迁移的测量

此处使用2015年全国1%人口抽样调查1‰微观调查数据来测量城市

间的人口迁移。该调查从两种口径统计了人口的迁移：一是常住地与户口登记地分离的累计人口迁移；二是五年内常住地改变的人口迁移。

对于前者，如果某人当前居住城市与其户口登记城市不同，则可以被视为流动人口。其当前居住城市被视为流入地，而户籍所在城市被视为流出地。在中国，户籍制度与社会保障、子女接受基础教育的机会、房产购买的权利等各种社会利益息息相关（蔡昉等，2001）。实际上，户籍未发生改变的迁移占迁移行为的大多数，尤其是农村到城市的大部分流动人口（Chan et al.，1999）。因此，一个城市的累计净流入人口规模可以有效反映该城市相对于其他城市的吸引力，即城市集群中该城市在吸引力层级中的水平。累计净流入人口规模越大，城市的吸引力等级就越高。

对于后者，如果某人当前居住城市与其五年前的居住城市不同，则被视为迁移者。其当前居住城市被视为流入地，而五年前的居住城市被视为流出地。相对而言，五年内常住地改变的流动人口规模更能反映不同城市间最近的互动情况。

3.5.3　节点、层级和互动的识别

如理论框架所示（图 3.1），大都市是城市集群中的重要节点。同时，随着城市集群的发展，其中城市的层级趋于多层次结构。此外，大都市与周边城市之间的互动特征（纵向或横向）可以反映都市区内的集聚水平，而大都市之间的互动则反映了不同都市区的整合水平。本小节将提出识别大都市、城市的纵横关系以及层次结构的标准。

（1）大都市的识别。作为区域的多中心与区域联系的枢纽，大都市应具有较大的人口规模以及强大的吸引力和辐射力（方创琳，2011；宁越敏，

2011)。因此,我们采用人口规模和是否人口净流入这两个关键指标来定义大都市,这两者对城市群的发展均有显著影响(Fang and Yu,2017)。我们根据 2014 年发布的《调整城市规模分类标准的通知》,将中心城区居民数量达到 100 万人作为大都市的最低标准。同时,由于具有较强的吸引力,大都市应是累计流入人口多于流出人口的城市。

(2) 城市层级的识别。城市层级是城市群聚集效应的支柱(Trusina et al.,2004;Mones et al.,2012),不同层级的城市在城市体系中扮演着不同的角色。我们基于户口所在城市与常住地不同的累计净流入人口规模来描绘城市群的层级结构,而非城市人口规模等传统指标。一方面,累计净流入人口的规模与人口规模高度正相关;另一方面,这一指标更能有效反映城市吸引力的差异。此外,由于这一指标是迁移流动人口的总和,因此与人口规模等静态数据相比,该指标更加适合网络系统。通过 ArcGIS 软件中的自然断点分析,我们可将每个城市群中的所有城市由低到高分为四个层级(累计净流入人口规模在 0—57 万、57 万—220 万、220 万—511 万和 511 万以上)。

(3) 空间互动的识别。城市群的聚集效应主要通过城市间的空间互动特征直接体现。我们利用区域内近五年常住地变动的迁移人口数据,采取三个步骤来识别空间互动(见图 3.2)。首先,选择城市群中两城市之间迁移流人口规模总和的平均值作为两城市之间空间互动存在的门槛(王珏等,2014)。其次,当迁移流与反向迁移流人口的比率在 0.5 到 2 之间时,两城市之间的迁移流认定为双向,否则认定为单向。最后,当两城市之间存在双向迁移流,则视为双边空间互动;当存在高层级城市到低层级城市的单向迁移流时,也视为双边空间互动,因为我们认为这一互动体现了扩散过程中的溢出效应;否则视为单边横向互动(见图 3.2)。

续表

城市集群	城市化率（%）	人口密度	大都市数量	城市层级				空间结构	发展阶段
				第一层级	第二层级	第三层级	第四层级		
长江中游	53.46	375	3	1	1	1	0	单中心和径向	3个都市区（初始）
关中	51.67	224	1	0	1	0	0	单中心和径向	都市区（初始）
中原	50.34	750	1	1	1	0	0	单中心和径向	都市区（初始）
黔中	49.13	373	1	0	1	0	0	单中心和径向	都市区（初始）
滇中	52.48	185	1	1	1	0	0	单中心和径向	都市区（初始）
晋中	56.27	234	1	1	1	0	0	单中心和径向	都市区（初始）
北部湾	39.80	291	3	0	0	0			多个城市
兰西	43.45	171	2	1	0	0	0		多个城市
哈长	55.22	165	1	1	0	0	0	—	多个城市
宁夏沿黄	58.74	105	1	2	0	0	0		多个城市
呼包鄂榆	64.04	53	2	3	0	0	0		多个城市
天山北坡	80.51	47	1	3	0	0	0		多个城市

3.6.1 都市区

沿路径 A 发展的城市集群，包括关中（以西安为中心）、中原（以郑州为中心）、黔中（以贵阳为中心）、滇中（以昆明为中心）、晋中（以太原为中心）和长江中游城市群（以武汉、长沙和南昌为中心），呈现单中心的空间结构（见表 3.3）。每个城市集群均有一个由大都市（通常是省会）主导的中心城市，通过单向迁移流与周边城市形成横向互动。城市层级结构十分扁平，除净流出城市外只由一层组成，而都市区是集群中唯一的净流入城市。值得注意的是，长江中游城市集群看似由拥有各自周边区域的三个都市区主导，但这三个都市区之间没有互动。本质上，由武汉、长沙和南昌分别主导的三个独立子城市集群构成了长江中游城市集群，与中央政府期望的多中心结构有所区别。

表 3.3　都市区阶段城市集群的空间互动

城市集群	中心城市	流出城市
关中	西安	延安、渭南、宝鸡、咸阳、商洛、铜川
中原	郑州	新乡、洛阳、开封、平顶山、漯河、许昌、焦作
黔中	贵阳	毕节、遵义、安顺、黔南、黔东南
滇中	昆明	曲溪、楚雄、玉溪
晋中	太原	晋中、临汾、长治、忻州
	长沙	岳阳、常德、益阳、娄底、湘潭、衡阳、株洲
长江中游	武汉	襄阳、荆门、天门、孝感、黄冈、黄石、咸宁、荆州、宜昌、娄底、鄂州
	南昌	宜春、九江、景德镇、上饶、抚州、吉安

　　成渝城市集群（以成都和重庆为中心）和辽中南城市集群（以大连和沈阳为中心）的发展则已经进入了路径 B。可以确定这两个城市集群均有两个都市区，两区通过显著的人口迁移流相互连接。然而，这两个都市区的整合程度并不相等，因为两个都市区之间的互动仍然是横向的。由图 3.3 可知，低层级都市区向高等级都市区产生单向迁移流（从沈阳到大连，从重庆到成都）。换言之，大连和成都在各自的城市集群中扮演主导中心的角色。当然，如果都市区之间的互动通过双向迁移流转变为双边空间互动，它们可能演变为都市区带的初始阶段。但从本质上看，它们的空间结构仍然是辐射性的，同时考虑了都市区与周边城市之间的双边空间互动。

　　由实证结果可以推断，这些城市集群中都市区对周边城市或低层级都市区的主导效应为虹吸效应而非溢出效应。因此，这些城市集群仍处于都市区的初始阶段。

（a）成渝城市集群　　　　（b）辽中南城市集群

图 3.3　都市区阶段城市集群的空间结构

3.6.2　都市区带

根据图 3.4,在京津冀城市集群中,北京、天津、石家庄和秦皇岛被视为都市区。作为全国性的迁移目的地,北京和天津处于城市层级结构的第四和第三层级,它们通过双向迁移流建立了双边空间互动,并通过单向迁移流与其他城市形成单边横向互动。这种带状的走廊形式展现了两座大都市区之间的整合与合作。石家庄处于第一层级,吸引了来自两个周边城市(沧州和保定)的迁移人群,并产生了向北京和天津的单向迁移流。它与北京、天津及其他城市之间的单边横向互动表明其仍是城市集群中的一个次中心。秦皇岛尽管处于第一层级,但尚未融入迁移网络,主要吸引了来自城市集群外的迁移人群。

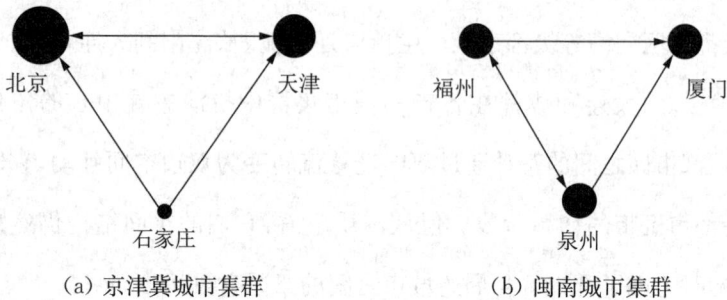

(a) 京津冀城市集群　　　　(b) 闽南城市集群

图 3.4　都市区带阶段城市集群的空间结构

闽南城市集群以福州、厦门和泉州为核心,这三个净流入城市均处于第二层级。与福州和泉州相比,厦门扮演了更高级的中心角色,其面积约为福州或泉州的 15%,但积累的流动人口与另外两座城市相当,并通过单向迁移流与它们形成单边横向互动。同时,福州和泉州之间基于双向迁移流产生了双边空间互动。

尽管在这两个城市集群中,都市区对周边城市的虹吸效应也占据主导地位,但京津冀和闽南城市集群已经表现出扩散过程,多中心和走廊结构特征开始显现。此外,石家庄和厦门在未来可能与组成走廊结构的都市区实现同等整合,推动城市群向网络化结构发展。因此,我们可以推断它们处于都市区带的初始和转变阶段,将沿着路径 C 演化,已具备基本的城市群发展特征。

3.6.3 都市区网络

根据图 3.5,东部沿海的长三角和珠三角城市集群——目前处于中国城市群最高的发展阶段,其次是山东半岛城市集群。它们都沿着路径 C 演化,呈现多中心和网络化空间结构的集聚效应,已具备明显的城市群特征(故后文亦可称之为城市群),但三者之间也存在显著差异。

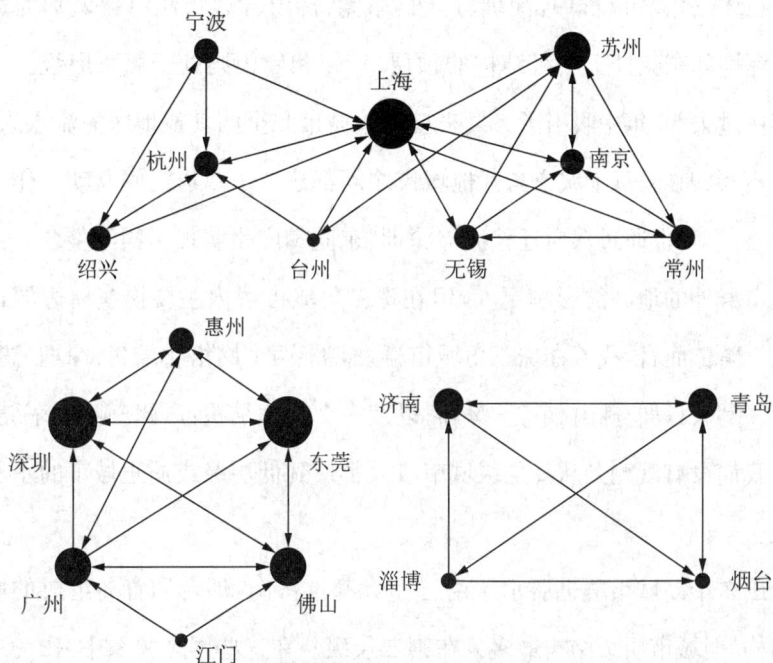

图 3.5 都市区网络阶段城市群的空间结构

长三角城市群由南部和北部两个子城市群组成,上海则是连接这两个子城市群的最重要的大都市,位于层级结构的顶层。在长三角北部,共有苏州、南京、常州、无锡四地被认定为大都市。长三角北部有着丰富的双边空间互动,包括上海-南京、上海-常州、上海-苏州、上海-无锡、苏州-南京、苏州-常州、常州-扬州(周边城市)。上海-南京-苏州-上海构成了一个完整的网络化结构。在长三角南部,杭州、宁波、绍兴、台州被识别为大都市。同样地,我们也在南部发现了城市之间丰富的双边空间互动,如上海-杭州、杭州-绍兴、绍兴-宁波、宁波-嘉兴(周边城市)。虽然这些双边空间互动尚未构成网络化结构,但也已形成一条长廊。值得注意的是,一些高层级城市对低层级城市产生了单向迁移流(从上海到苏州和常州,从宁波到嘉兴),这在较大程度上反映了溢出效应的存在。

在珠三角城市群中,深圳、广州、东莞、佛山、惠州、江门被识别为大都市。深圳和东莞处于层级结构的顶层,广州和佛山则处于第三层级。这些城市在过去30年中吸引了大量来自周边城市和全国其他地区的流入人口。除广州-深圳外,每个城市与其他城市之间都建立了双边空间互动。作为次级中心,惠州也通过双向迁移流与深圳、东莞和广州实现了同等整合。江门对城市群外的地区的影响更大,但在珠三角城市群内主要扮演周边城市的角色。整体而言,我们在珠三角城市群发现了两个网络化结构:深圳-惠州-东莞-深圳、深圳-佛山-东莞-深圳;以及一个长廊结构:广州-佛山-东莞-惠州。我们没有观测到从高层级城市或大都市到低层级或周边城市的水平迁移流。

山东半岛城市群也展示了由三座大都市济南、烟台和青岛组成的网络化结构,但城市层级结构最多只在第二层级。在这些网络关系中,作为更高层级城市的济南通过单向迁移流对烟台产生了溢出效应。另一大都市淄博主要扮演济南和烟台周边城市的角色,但通过接受来自青岛的迁移流与其形成了双边空间互动。此外,周边城市与大都市之间的互动是双边的。

对比上述三个城市群,可以发现它们处在不同的发展阶段中。长三角城市群在短期内有很大机会演变为成熟的都市区网络,不仅是因为网络化结构的出现,还因为都市区与周边地区之间积极的双边空间互动。珠三角虽然拥有最密集的网络化结构,但都市区与周边地区之间尚未建立双边空间互动,因此应处于都市区网络的初始阶段。同样,山东半岛城市群也拥有一个网络化结构,应被归类为都市区网的初始阶段,但其都市区只能影响城市群内部地区,因此较难发展成巨型城市区域。相比之下,长三角和珠三角城市群更有可能成为巨型城市区域。

3.7　本章小结

城市群的发展是全球城市化进程的一部分,是一系列全球性趋势的结果。在这一背景下,中国的城市群也迅速发展起来,并被视为促进新型城镇化的重要手段。尽管城市群相关研究已有较长历史,也取得了丰硕的成果,但对城市群发展阶段的研究仍相对匮乏。因此,本章基于人口迁移流动,对比分析了中国 19 个城市集群的发展阶段。与以往研究相比,本章建立了一个多维模型,包括基本条件、空间互动和城市层级,以深入了解中国城市群的演变过程。本章得出了以下结论:

(1) 城市网络发展具有三种结构,即辐射、走廊和网络化结构。城市群的发展可分为都市区、都市区带和都市区网三个主要阶段,每个阶段具有各自的人口迁移特征。

（2）中国 19 个城市集群中大多数尚处于都市区的初始阶段，主要分布在中西部地区。而东部地区的城市群已发展到更高阶段，例如长三角、珠三角和山东半岛城市群分别处于都市区网络的成熟、初始和初始阶段，京津冀和闽南城市集群处于都市区带的初始和转变阶段。以上结果表明中国城市群的发展整体仍处于初期或起步阶段，且呈现出明显的空间异质性特征。

（3）从单一城市到一体化实体是一个逐渐演化的自然过程，政府政策应遵循城市与经济地理的演变规律，而不应主导其发展方向。定量分析的结果也支持这一结论：一方面，一些城市集群（如北部湾、兰西、哈长、宁夏沿黄、呼包鄂榆和天山北坡）由于较低的城市化率或人口密度，无法被视为实质意义上的城市群；另一方面，跨省份的城市集群之间普遍存在整合不足的问题，如长三角城市群（江苏与浙江之间的城市）、长江中游城市集群（湖北、湖南和江西之间的城市）和关中城市集群（陕西与甘肃之间的城市）。

本章提出的框架显然有其局限性，但同时也指出了未来可能的研究方向。首先，该理论模型展示了城市群从单一城市到都市区网络的演变过程，但都市区网络是不是城市群的终极阶段仍需未来验证。其次，多源和多时间尺度的流动数据也可用于检验模型的有效性。

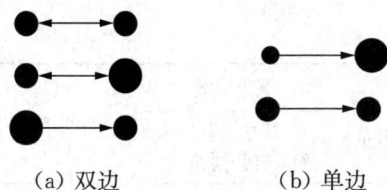

（a）双边　　　　　（b）单边

图 3.2　核心城市与周边城市之间的空间互动结构

3.6　实证结果

本章利用人口迁移数据，全面调查了中国 19 个城市集群中的大都市、层次结构和互动特征，并在此基础上识别其聚集水平和发展阶段。

整体而言，可以得出两个普遍的观察结果：第一，中国的城市集群正沿着不同的路径向城市群发展，其发展阶段呈现出显著的区域差异；第二，中国城市集群中很少出现水平协同的集聚效应，主要因为存在广泛的垂直迁移流，城市集群中的大都市对周边城市形成虹吸效应。表 3.2 总结了实证结果，后续分析将按照城市群阶段与三条路径的交织关系展开。

表 3.2　中国城市集群的城市集聚发展阶段结果

| 城市集群 | 城市化率（%） | 人口密度 | 大都市数量 | 城市层级 | | | | 空间结构 | 发展阶段 |
				第一层级	第二层级	第三层级	第四层级		
长三角	72.31	887	9	4	7	1	1	多中心和网络	都市区网络（成熟）
珠三角	83.99	1 049	7	1	3	2	2	多中心和网络	都市区网络（初始）
山东半岛	57.78	593	4	4	2	0	0	多中心和网络	都市区网络（初始）
京津冀	60.25	485	4	3	0	0	1	多中心和走廊	都市区带（初始和转变）
海峡西岸	63.11	680	3	0	3	0	0	多中心和走廊	都市区带（初始和转变）
成　渝	48.86	460	2	0	1	1	0	双核和径向	都市区（初始和转变）
辽中南	68.26	336	2	3	1	0	0	双核和径向	都市区（初始和转变）

第4章 城市群的人口就近城镇化与远程城镇化

4.1 引言

随着经济社会发展及其区域差异的变化,中国近距离乡城人口迁移流动比重不断增加(国家统计局,2017;王桂新、黄祖宇,2014),使人口就近城镇化日渐成为中国人口城镇化发展的重要特征。以往研究仅把就近城镇化作为人口城镇化发展的一种类型来考察,缺乏对其进行科学测度的方法,这导致难以准确把握人口就近城镇化等城镇化发展的区域差异及形成机制,也使人口就近城镇化的实践价值和规划政策的可操作性较低。中国自然地理环境复杂多样、经济社会发展区域差异明显,加之行政区划划分和管理的特殊性,使不同地区之间存在就近城镇化或远程(长距离)城镇化的特性差异。

此外,《"十四五"新型城镇化实施方案》提出,城市群一体化发展体制机制尚不健全,要优化城镇化空间布局和形态,分类推动城市群发展。在此背景下,聚焦近程与远程模式视角下的城市群县域城镇化进程,是推进区域协调发展、提高城镇化质量的重要命题。因此，测度人口就近城镇化的区域发展水平，考察城市群就近与远程城镇化特征，并分析人口就近与远程城镇化的影响因素，不仅能进一步完善新型城镇化的理论体系，揭示不同城市群新型城镇化发展的内在规律，还可以为落实国家新型城镇化规划、因地制宜地推进中国人口就近城镇化等新型城镇化发展提供科学依据。

本章将从行政区划和时间距离两个维度出发，提出以县级行政区为基础地域单元、设定公路交通就近时间距离阈值为 2 小时和 4 小时两种情况的人口就近城镇化与人口远程城镇化的量化定义和测度方法，并以此考察中_____，并从地市级层面分_____因素。本章其余部分安排如下：第 4.2 节将在已有研究基础上从行政区____、时间距离两个维度定义人口就近城镇化和人口远程城镇化；第 4.3 节将具体阐释不同空间范围、不同等级行政区划下人口就近城镇化与人口远程城镇化水平的测度方法；第 4.4 节将测算中国各城市群的人口就近城镇化和人口远程城镇化水平，考察其区域差异特征；第 4.5 节将利用地市级数据建立回归模型，分析人口就近城镇化和人口远程城镇化区域差异的客观基础；第 4.6 节通过对长三角地区的问卷调查，探讨城市群农村劳动力迁移动向；最后，第 4.7 节将总结本章研究成果，提供研究结论与政策建议。

4.2　人口就近城镇化与人口远程城镇化的定义

4.2.1　已有定义及其问题

人口就近城镇化与人口远程城镇化是两个相对的概念。关于这两个概念,国内学术界已有涉及和研究。如胡小武(2011)、李强等(2015,2017)认为,人口就近城镇化就是在"较小空间范围"内农村人口向城镇转移并转化为城镇人口的城镇化过程,该过程不包括由农村就地改造发展带来的乡城人口的就地城镇化过程。与之相对应,人口远程城镇化就是指农村人口通过"较大空间范围"转移完成向城镇人口转化的城镇化过程。因此,"较小和较大空间范围"是区分人口就近城镇化与人口远程城镇化的关键条件。然而,已有研究对"较小、较大"的空间范围并没有统一明确的界定,多简单地以人口迁移跨越行政区划的尺度为标准。一种普遍的观点是将省内迁移产生的城镇化定义为就近城镇化,而把省际迁移产生的城镇化定义为远程城镇化(杨传开,2016;廖永伦,2016)。还比如,由于地市级和县级行政单位在地理特点和地域文化上具有相似性,加上交通现代化发展带来更加便捷的通勤方式,非常有利于人口迁移与城乡一体化发展,因此有学者把农村人口迁往本市市辖区、县城或经济强镇的城镇化过程定义为就近城镇化(李强等,2015;李强,2019)。但也有学者认为乡城人口迁移目的地可以是其家乡所在地附近的地级市、县城或经济较发达的特色小城镇(曾鹏、向丽,2017),或是那些能够满足城市与乡城之间经常性往返需求的周边城镇(黄鹏进,2019),不用局限于市内或省内。还有一些学者将就近城镇化和就地城镇化合并而论,认为就地城镇化和就近城镇化的主要平台是县级城镇,县级城镇是城乡联结、交汇的重要节点,农民在县域内迁移的成本相较于省内跨县和跨省更低(辜胜阻等,2009;王景全,2014;孙久文、周玉龙,2015)。

由上文可以看出,关于人口就近城镇化等概念的已有研究还存在一些问题:第一,没有科学地梳理就近城镇化、远程城镇化、就地城镇化三者之间的联系与区别。就地城镇化是指农村地区转变为城市地区使农村人口转变为城镇人口的城镇化过程,而农村人口迁移到城市转变为城镇人口的人口城镇化应被称为迁移城镇化（王桂新，2013），就近城镇化和远程城镇化都是迁移城镇化，只不过就近城镇化的人口迁移限于较小空间范围而已。所以，不能把人口城镇化仅划分为就近城镇化和远程城镇化，或把就近城镇化与就地城镇化统而合之。第二，对就近城镇化只定义为通过较小空间范围迁移实现的城镇化，却没有科学明确地给出较小空间范围的统计定义。模糊的就近城镇化概念，使得已有研究以定性分析为主而缺乏实证分析（潘丽华，2020），这进一步给中西部地区推进人口就近城镇化带来了实际操作上的困难。第三，单纯按照行政区划定义人口就近城镇化和人口远程城镇化也缺乏合理性。如内蒙古和新疆面积较大，江西和福建的地形起伏度较大，这些省（区）的市内人口迁移交通时间可能与面积相对不大且地形起伏度较小的河南、山东的省内人口迁移交通时间较为接近，所以仅用行政区划统一口径，如将跨市或跨省作为就近城镇化的划分标准显然不能"因地制宜"地适应各地区不同特征的要求。而且，这样定义还往往将虽跨省、市、区界但实际距离较近的乡城人口迁移导致的城镇化界定为远程城镇化，如把马鞍山市农村人口迁移到南京市城镇的城镇化划分为远程城镇化，这显然过于放大行政区划的分割作用而失去合理性。

4.2.2　对人口就近城镇化与远程城镇化的重新定义

要正确反映和把握人口就地、就近和远程城镇化的本质，应综合考虑城乡人口迁移涉及的行政区划和距离两个维度。为此，本小节提出以下方案，即在行政区划尺度的基础上引入时间距离尺度作为第二个维度，用行政区划和时间距离两个维度定义就地与就近及相对应的远程城镇化（见图4.1），具体定义如下。

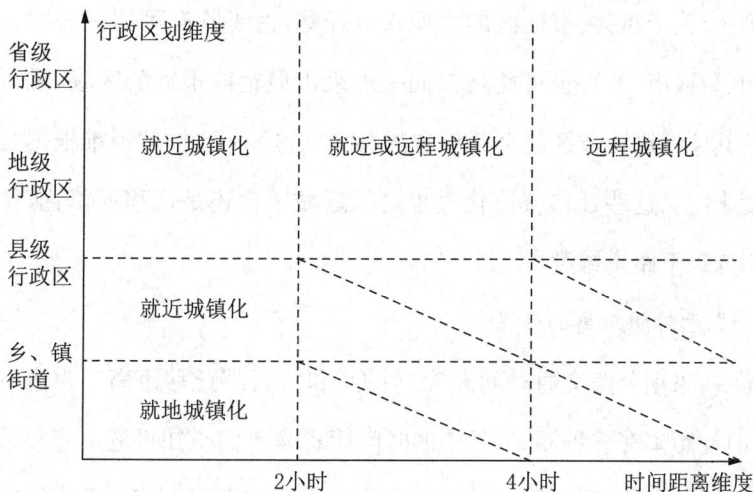

图 4.1 城乡人口迁移行政区划、时间距离尺度与就近城镇化、远程城镇化

1. 基于行政区划维度的定义

第一,农村人口未发生迁移或仅迁移到本乡镇街道的城镇地区而转变为城镇人口的城镇化过程,称为就地城镇化;市辖区域内以城市地区为主,农村地区很少且多与城区交错呈插花式分布,所以把市辖区农村人口通过迁移跨越乡镇街道转变为城镇人口的城镇化过程,也视为就地城镇化;农村人口通过流出本乡镇街道转变为城镇人口的城镇化过程,称为迁移城镇化。如上所说,乡镇街道人口也有可能通过在本乡镇街道内部的迁移实现城镇化,但考虑到乡镇街道内的乡城迁移距离通常都比较小,且中国人口普查及统计部门一般只统计跨乡镇街道的流动人口(乡镇内部的人口迁移一般不作统计),因此这样定义不仅可以最大限度地利用基础统计数据,也基本符合实际情况。

第二,县是乡镇街道的上一级行政区单位,其域内不同乡镇街道之间的乡城人口迁移距离都不大,所以可把县级行政区作为"较小空间范围",将县内农村人口通过迁移跨越乡镇街道转变为城镇人口的城镇化过程定义为就近城镇化。

第三，关于跨县、市辖区的乡城人口迁移，由于既有可能流入同一地级市的相邻县（市、区），也可能迁向同一地级市但距离很远的区域，或者流入相邻的其他地级行政区甚至其他省的县（市、区），①这样就很难根据行政区划维度来定义这些迁移城镇化过程是就近城镇化还是远程城镇化，所以有必要引入以下距离维度。

2. 基于时间距离的定义

第一，采用公路交通时间测度"就近"和"远程"迁移距离。距离有空间距离、时间距离等多种涵义，其中的时间距离是人们感知远近最直接的参考依据，而对较近距离的迁移流动而言公路交通又是最灵活、便捷的交通方式，所以本章把公路交通的时间距离作为定义就近城镇化的第二个维度。根据这一维度，设置以"跨县级市（市辖区）乡城人口迁移是否跨时间距离的某一阈值"为标准来定义人口就近城镇化与远程城镇化，这样就可以很好地解决上述仅以行政区划作为单一定义维度时难以解决的问题。

第二，采用车程4小时和2小时分别作为区分就近城镇化和远程城镇化的阈值条件。研究发现，国人感知某地方"很近"的时间距离一般在汽车车程4小时范围内（刘佳等，2015），据此现设定车程4小时作为确定时间距离"就近"的第一个阈值：若通过跨县（市辖区）实现城镇化的乡城人口迁移的最短公路交通时间距离在4小时内，均定义为就近城镇化，超过4小时即为远程城镇化。为检验不同阈值下研究结论可能存在的差异，再将车程2小时作为确定时间距离"就近"的第二个阈值：若通过跨县（市辖区）实现城镇化的乡城人口迁移的最短公路交通时间距离在2小时内，均定义为就近城镇化，超过2小时的即为远程城镇化。

_____

① 这种情况以往基本上都被定义为远程城镇化。

4.3　人口就近城镇化与远程城镇化水平的测度方法

　　人口城镇化率是衡量城镇化水平的基本指标。根据上述定义,提出以下人口就近城镇化与远程城镇化水平的测度方法。该方法的基本思路是:以各地区农村人口通过就近迁移或远程迁移转变为城镇人口对流出地、流入地城镇化率的影响为指标,测度其人口就近城镇化与远程城镇化水平。一般从不同视角测度城乡人口就近或远程迁移带来的城镇化率的变化有所不同:就特定地区而言,一是与其当前城镇化率相比,若没有城乡人口就近或远程迁移将使城镇化率下降;二是与无城乡人口迁移时的城镇化率相比,若发生城乡人口就近或远程迁移将使城镇化率上升,可取二者均值测度城乡人口"就近"或"远程"迁移所带来的城镇化率变化。

　　设 P_u^i 和 P_r^i 分别为 i 县(市辖区)的城镇常住人口数和农村常住人口数,R_i 为常住人口城镇化率,则有:

$$R_i = \frac{P_u^i}{P_r^i + P_u^i} \times 100 \qquad (4.1)$$

　　设定 i 县(市辖区)城镇地区的城乡人口净流入规模为 NM_u^i,农村地区的城乡人口净流入规模为 NM_r^i,i 县(市辖区)无城乡人口迁移时的城镇化率[①]可表示为:

$$R_i' = \frac{P_u^i - NM_u^i}{P_r^i - NM_r^i + P_u^i - NM_u^i} \times 100 \qquad (4.2)$$

　　根据"就近"和"远程"的加总关系将二者分解为:

――――――――――

　　①　即不考虑城乡人口迁移,仅由城乡人口自然变动与行政区划变更因素所影响的城市化率。

$$NM_u^i = NM_{ul}^i + NM_{uf}^i \;;\; NM_r^i = NM_{rl}^i + NM_{rf}^i \qquad (4.3)$$

其中,NM_{ul}^i 为 i 县(市辖区)城镇地区城乡人口"就近"净流入规模,包括县内跨乡镇街道的城乡人口净迁移规模(不考虑市辖区内城乡人口净迁移)和来自时间距离分别在 2 小时或 4 小时以内其他县农村地区的人口净流入规模;NM_{uf}^i 为 i 县(市辖区)城镇地区城乡人口"远程"净迁入规模,包括来自时间距离分别在 2 小时或 4 小时以外各县(市辖区)农村地区的人口净流入规模。NM_{rl}^i 为 i 县(市辖区)农村地区城乡人口"就近"净流入规模,包括该县内城乡人口净迁移规模(不考虑市辖区内城乡人口净迁移)和来自时间距离分别在 2 小时或 4 小时以内其他各县(市辖区)城镇地区的人口净流入规模;NM_{rf}^i 表示 i 县(市辖区)农村地区城乡人口"远程"净流入规模,包括来自时间距离分别在 2 小时或 4 小时以外各县(市辖区)城镇地区的人口净流入规模。一般情况下,NM_r、NM_{rl}、NM_{rf} 为负值。

设 $\varepsilon = l,\, f$,与其当前城镇化率相比,i 县(市辖区)人口"就近"或"远程"迁移使城镇化率下降的值为[①]:

$$R_{i\varepsilon 1} = 100 \times \left(\frac{P_u^i}{P_r^i + P_u^i} - \frac{P_u^i - NM_{u\varepsilon}^i}{P_r^i - NM_{r\varepsilon}^i + P_u^i - NM_{u\varepsilon}^i} \right) \quad (\varepsilon = l,\, f) \quad (4.4)$$

与无城乡人口迁移时的城镇化率相比,i 县(市辖区)发生城乡人口"就近"或"远程"迁移使城镇化率上升的值为:

$$R_{i\varepsilon 2} = 100 \times \left(\frac{P_u^i - NM_u^i + NM_{u\varepsilon}^i}{P_r^i - NM_r^i + NM_{r\varepsilon}^i + P_u^i - NM_u^i + NM_{u\varepsilon}^i} \right.$$

$$\left. - \frac{P_u^i - NM_u^i}{P_r^i - NM_r^i + P_u^i - NM_u^i} \right) \quad (\varepsilon = l,\, f) \qquad (4.5)$$

---

① 本书把某因素影响城镇化率上升或下降的值(百分点)称为该因素对城镇化的率贡献。

　　i 县(市辖区)城乡人口"就近"或"远程"迁移对城镇化率的贡献可以二者均值计算:

$$R_{i\varepsilon}=\frac{R_{i\varepsilon 1}+R_{i\varepsilon 2}}{2} \quad (\varepsilon=l,\ f) \tag{4.6}$$

　　事实上,i 县(市辖区)由城乡人口迁移所推动的城镇化率的贡献正好等于根据以上公式计算的城乡人口"就近"和"远程"迁移对城镇化率的贡献之和,即存在着以下关系:

$$R_i-R_i'=R_{il}+R_{if} \tag{4.7}$$

　　根据该公式就可以计算中国不同等级行政区域单元的城乡人口"就近"迁移和"远程"迁移对城镇化的率贡献。假设 i 县(市辖区)所在的地级单元 j(或省份)有 k 个县(市辖区),则地级单元 j 城乡人口"就近"或"远程"迁移对城镇化率的贡献(后文用就近城镇化率贡献和远程城镇化率贡献表述)用下式计算:

$$\begin{aligned}
R_{j\varepsilon}=100\times\Bigg[&\frac{1}{2}\times\Big(\frac{\sum_k P_u^i}{\sum_k P_r^i+\sum_k P_u^i}-\frac{\sum_k P_u^i-\sum_k NM_{u\varepsilon}^i}{\sum_k P_r^i-\sum_k NM_{r\varepsilon}^i+\sum_k P_u^i-\sum_k NM_{u\varepsilon}^i}\Big)\\
&+\frac{1}{2}\times\Big(\frac{\sum_k P_u^i-\sum_k NM_{u\varepsilon}^i}{\sum_k P_r^i-\sum_k NM_{r\varepsilon}^i+\sum_k P_u^i-\sum_k NM_{u\varepsilon}^i}\\
&-\frac{\sum_k P_u^i-\sum_k NM_u^i}{\sum_k P_r^i-\sum_k NM_r^i+\sum_k P_u^i-\sum_k NM_u^i}\Big)\Bigg] \quad (\varepsilon=l,f)
\end{aligned} \tag{4.8}$$

　　一个地区就近城镇化率贡献和远程城镇化率贡献反映该地区经济社会发展、自然地理环境及其内部差异,以及由此决定的推动该地区城镇化发展的内外部作用的动力结构特征。为了考察一个地区(用 i 表示)就近城镇化和远程城镇化率贡献的相对大小及其所反映的内外部动力结构特征,定义 r_i' 为 i 地区的就近城镇化指数:

$$r_i^i = \frac{R_{il}}{R_{il} + R_{if}} \times 2 \qquad (4.9)$$

如果 $r_i^i = 1$，表示 i 地区的就近城镇化率贡献与远程城镇化率贡献相等，推动该地区城镇化发展的内外部动力平衡；如果 $r_i^i < 1$，表示 i 地区就近城镇化率贡献小于远程城镇化率贡献；如果 $r_i^i > 1$，表示 i 地区就近城镇化率贡献大于远程城镇化率贡献。可见，一个地区就近城镇化指数的大小反映该地区就近与远程城镇化发展的动力结构模式。

根据中国 2015 年全国 1‰ 人口抽样调查数据，按照抽样权重汇总计算得出全国所有县内跨乡镇街道的城乡人口迁移规模及县际城乡人口迁移规模，口径为户籍地在农村地区，但常住地在其他乡镇街道的城镇地区，并且离开户籍地半年以上的人口规模，以及户籍地在城镇地区，但常住地在其他乡镇街道的农村地区，并且离开户籍地半年以上的人口规模，各县级行政区政府（市辖区对应地市级政府）地址间的最短公路交通时间由谷歌云计算得到。利用式 (4.1) 至式 (4.9) 可计算得到各县（市辖区）、地级市、省、更大区域及全国人口的就近城镇化率贡献和远程城镇化率贡献及就近城镇化指数。由于现有调查资料无法获得户籍迁移人口的迁移数据，在一定程度上可能低估户籍城镇化率较高地区的迁移城镇化率贡献。但已有研究表明，城乡人口迁移导致的城镇人口增长或城镇化水平的提高，主要是非户籍迁移人口即通常所说的常住流动人口的贡献（蔡昉，2018），因此，根据以上方法和数据的计算结果，基本可以真实反映研究地区就近城镇化和远程城镇化的发展特征。

4.4 城市群人口就近城镇化与远程城镇化率贡献特征

根据以上人口就近城镇化和远程城镇化的定义，利用各公式可计算得到全国省级行政区人口就近城镇化率贡献和远程城镇化率贡献及就近城镇化指数(见表 4.1),可以发现中国人口就近与远程城镇化的区域发展主要表现出以下特征。

表 4.1 各省(区、市)不同时间距离阈值下就近城镇化率贡献与远程城镇化率贡献

省 (区、市)	就近时间距离阈值为 2 小时			就近时间距离阈值为 4 小时		
	就近城镇化 (%)	远程城镇化 (%)	就近城镇化 指数	就近城镇化 (%)	远程城镇化 (%)	就近城镇化 指数
北 京	0.46	1.19	0.56	0.74	0.92	0.89
天 津	0.76	2.30	0.50	1.19	1.87	0.78
河 北	4.06	1.54	1.45	4.64	0.96	1.66
山 西	5.11	2.16	1.41	6.11	1.16	1.68
内蒙古	5.64	4.66	1.10	7.64	2.67	1.48
辽 宁	2.53	1.86	1.15	3.1	1.29	1.41
吉 林	3.62	2.15	1.25	4.44	1.33	1.54
黑龙江	2.88	2.26	1.12	3.32	1.82	1.29
上 海	0.40	1.19	0.51	0.55	1.04	0.69
江 苏	1.80	3.26	0.71	2.94	2.12	1.16
浙 江	4.23	5.79	0.84	5.32	4.69	1.06
安 徽	3.63	4.53	0.89	4.86	3.30	1.19
福 建	7.05	5.83	1.10	8.62	4.27	1.34
江 西	3.75	3.95	0.97	4.42	3.28	1.15
山 东	4.02	2.61	1.21	4.83	1.81	1.46
河 南	2.72	2.69	1.01	3.27	2.14	1.21
湖 北	3.81	3.72	1.01	4.57	2.96	1.21
湖 南	4.46	4.52	1.00	5.66	3.33	1.26
广 东	2.16	8.76	0.40	4.66	6.26	0.85
广 西	3.40	4.18	0.90	4.52	3.06	1.19
海 南	3.34	2.95	1.06	4.54	1.75	1.44
重 庆	2.74	4.77	0.73	3.99	3.52	1.07
四 川	4.75	4.18	1.07	6.17	2.77	1.38
贵 州	4.16	3.26	1.12	4.93	2.49	1.33
云 南	3.19	3.23	1.00	4.14	2.29	1.29
西 藏	0.41	2.97	0.25	0.81	2.58	0.47
陕 西	4.41	2.92	1.20	5.33	2.00	1.46

续表

省 (区、市)	就近时间距离阈值为 2 小时			就近时间距离阈值为 4 小时		
	就近城镇化 (%)	远程城镇化 (%)	就近城镇化 指数	就近城镇化 (%)	远程城镇化 (%)	就近城镇化 指数
甘　肃	2.96	3.98	0.85	3.95	2.99	1.14
青　海	3.95	3.90	1.01	4.4	3.46	1.12
宁　夏	5.82	3.72	1.22	7.15	2.39	1.50
新　疆	1.80	3.93	0.63	2.28	3.45	0.80
全国值	3.50	4.34	0.90	4.57	3.27	1.17
最小省	0.40	1.19	0.25	0.55	0.92	0.69
最大省	7.05	8.76	1.45	8.62	6.26	1.68

资料来源:2015 年 1% 人口抽样调查数据。

第一,总体而言,2 小时阈值下,远程城镇化对迁移城镇化的率贡献大于就近城镇化,4 小时阈值下二者相反。在设定公路交通时间距离"就近"阈值为 2 小时的情况下,全国农村人口就近迁移转变为城镇人口对城镇化的率贡献为 3.50 个百分点,远程迁移转变为城镇人口的率贡献为 4.34 个百分点,就近城镇化指数为 0.90。但当设定公路交通时间距离"就近"阈值为 4 小时时,城乡人口就近和远程迁移转变为城镇人口对城镇化的率贡献分别为 4.57 和 3.27 个百分点,就近城镇化指数为 1.17。

第二,2 小时阈值下,北部地区多数省份以就近城镇化发展为主,南部地区多数省份就近城镇化发展与远程城镇化相当,主要的人口流入省(区、市)和地广人稀省(区、市)以远程城镇化发展为主。就近城镇化指数小于 0.9 和大于 1.1 的省(区、市)分别有 12 个和 9 个,居中的省(区、市)有 10 个。其中,广东、重庆、上海、北京、天津、江苏、新疆、西藏等省(区、市)就近城镇化指数都在 0.8 以下,就近城镇化率贡献都在 3 个百分点以下,特别是上海、北京、西藏三地就近城镇化率贡献小于 0.5 个百分点,说明这些地区主要以远程城镇化的推动为主;而就近城镇化指数在 1.2 以上的省(区、市)主要集中在北部地区,包括河北、山西、吉林、宁夏、山东、陕西,就近城镇化率贡献在 3 个百分点以上,说明这些地区的城镇化主要以就近城镇化的推动为主,远程城镇化的贡献较小;就近城镇化指数居中的省(区、市)中除河南、青海以外均位于南部地区,其就近城镇化和远程城镇化的率贡献相当,说明这些地区的城镇化不仅明显受到就近城镇化的推动,还同时明显受到远程城镇化的推动。

　　第三,4 小时阈值下与 2 小时阈值下就近城镇化和远程城镇化的区域发展格局基本一致。4 小时阈值下,就近城镇化指数小于 1 的省(区、市)减少为 6 个,包括就近城镇化率贡献在 3 个百分点以下的北京、天津、上海、西藏、新疆和就近城镇化率贡献达到 4 个百分点以上的广东。就近城镇化指数大于 1 的省(区、市)增加到 25 个,其中排在前 9 位的地区均大于 1.4,包括山西、河北、吉林、宁夏、内蒙古、山东、陕西、海南、辽宁,与 2 小时阈值下就近城镇化指数排在前 9 位的名单相比,增加了内蒙古和海南,减少了黑龙江和贵州,仍呈现主要集中于北部地区的分布特征。就近城镇化指数在 1—1.4 之间的有四川、福建、贵州等 16 个省(区、市)。综上,以此阈值划分就近和远程城镇化,全国有 80% 省(区、市)的迁移城镇化的发展主要是就近城镇化的贡献,只有 20% 的省(区、市)的城镇化的发展以远程作用力推动为主。此外,两阈值下,各地就近城镇化指数大小排名也基本一致,表明大多数地区迁移城镇化的农村人口来源主要为时间距离为 2 小时以下和 4 小时以上的地区,因此大多数地区就近城镇化、远程城镇化的发展特征较为稳定,但少数地区(如内蒙古、海南、贵州、黑龙江等)迁移城镇化的农村人口来源地更多地集中于时间距离为 2 小时至 4 小时的区域,因此研究其就近、远程城镇化的发展特征会因就近时间距离阈值设定不同而产生不同结论。

进一步分别计算不同时间距离阈值下中国城市群就近城镇化与远程城镇化的率贡献及就近城镇化指数,计算结果如表 4.2 所示。由计算结果可知,整体而言,各城市群就近城镇化与远程城镇化的贡献分解存在显著差异。具体而言,中国各城市群的人口就近与远程城镇化发展具有以下特征。

表 4.2   各城市群不同时间距离阈值下就近城镇化与远程城镇化对城镇化的率贡献

城市群	就近时间距离阈值为 2 小时			就近时间距离阈值为 4 小时		
	就近城镇化（%）	远程城镇化（%）	就近城镇化指数	就近城镇化（%）	远程城镇化（%）	就近城镇化指数
北部湾	3.43	4.79	0.83	4.52	3.69	1.10
成 渝	4.19	4.50	0.96	5.65	3.04	1.30
滇 中	3.82	3.72	1.01	5.16	2.37	1.37
关 中	3.29	2.91	1.06	4.08	2.12	1.32
哈 长	3.14	2.33	1.15	3.87	1.60	1.41
海峡西岸	4.46	5.27	0.92	5.82	3.90	1.20
呼包鄂榆	8.85	5.52	1.23	11.85	2.52	1.65
晋 中	4.81	2.38	1.34	5.94	1.26	1.65
京津冀	2.88	2.85	1.01	3.69	2.05	1.29
兰 西	2.65	4.46	0.75	4.16	2.95	1.17
辽中南	2.63	1.74	1.20	3.22	1.15	1.47
宁夏沿黄	6.43	3.11	1.35	7.62	1.92	1.60
黔 中	4.46	3.44	1.13	5.50	2.40	1.39
山东半岛	4.40	2.56	1.26	5.34	1.61	1.54
天山北坡	2.09	3.89	0.70	2.95	3.03	0.99
长江中游	3.94	4.03	0.99	4.88	3.09	1.22
长三角	1.95	3.64	0.70	2.81	2.78	1.00
中原	2.24	1.92	1.08	2.74	1.42	1.32
珠三角	1.61	6.08	0.42	2.91	4.78	0.76
最小城市群	1.61	1.74	0.42	2.74	1.15	0.76
最大城市群	8.85	6.08	1.35	11.85	4.78	1.65

资料来源:2015 年 1‰人口抽样调查数据。

2 小时阈值下,东部经济发达地区与西部内陆地区城市群的远程城镇化更为强势,中部地区城市群的就近城镇化相较远程城镇化更加强势或相当,多数北方地区城市群的就近城镇化率贡献更高,南方地区城市群则多以远程城镇化贡献为主。就近城镇化贡献较高与远程城镇贡献较高的城市群数量相近,就近城镇化指数高于 1.10 的城市群有 7 个,低于 0.90 的城市群有 5 个,其余 7 个城市群居中。珠三角、长三角、天山北坡与兰西城市群的就近城镇化指数低于 0.80 且就近城镇化率贡献低于 3 个百分点,说明这些东南沿海与西部内陆地区的城市群以远程城镇化推动为主,尤其珠三角城市群的就近城镇化指数在全国居最低,为 0.42,且就近城镇化率贡献最低、远程城镇化率贡献最高。而就近城镇化指数在 1.20 以上的城市群(宁夏沿黄、晋中、山东半岛、呼包鄂榆)均位于北方地区,且除呼包鄂榆城市群外,其余三者远程城镇化率贡献均较低,以就近城镇化推动为主。晋中、中原与长江中游等中部地区城市群的就近城镇化相较远程城镇化更加强势或相当。

4 小时阈值下,各城市群的就近城镇化指数均高于 2 小时阈值下的水平。此时仅天山北坡与珠三角城市群的就近城镇化指数小于 1,以远程城镇化为主要推动力,其余 18 个城市群均以就近城镇化为强势推动力或二者相当。就近城镇化指数高于 1.50 的有晋中、呼包鄂榆、宁夏沿黄与山东半岛城市群,与 2 小时阈值下就近城镇化指数高于 1.20 的城市群相同。长三角城市群的就近城镇化指数恰为 1.00。各城市群的就近城镇化指数排名变化较小,不同阈值下就近城镇化指数排名均较为接近,二者差值不超过 2 位。呼包鄂榆城市群的就近城镇化率贡献高达 11.85%,明显高于其他城市群,远程城镇化率贡献仅为 2.52 个百分点,主要受就近城镇化推动;而珠三角城市群的就近城镇化指数在各城市群中仍居末位,且远程城镇化率贡献仍为最高。

4.5 人口就近城镇化与远程城镇化发展的影响因素

中国人口就近城镇化与远程城镇化发展的省际差异及其特征，受自然地理环境、经济社会发展及制度与政策等多种因素的综合影响。在这种综合影响下，每一个地区都形成了一定来自区内、外激发其乡城人口迁移的作用力，推动其就近、远程城镇化以及整个城镇化的发展。以下采用 334 个地级行政区和 28 个省辖县级行政单元[①]作为分析的对象，通过建立线性回归模型，进一步定量考察自然地理环境、经济社会发展等诸因素对人口就近城镇化与远程城镇化发展的影响及其作用机制。

4.5.1 模型与数据

为考察建立以下三个线性回归模型：

$$R_{jl} = \alpha_0 + \alpha_S S + \alpha_G G + \varepsilon_l \tag{4.10}$$

$$R_{jf} = \beta_0 + \beta_S S + \beta_G G + \varepsilon_f \tag{4.11}$$

$$r_l^j = \gamma_0 + \gamma_S S + \gamma_G G + \varepsilon_P \tag{4.12}$$

R_{jl} 和 R_{jf} 分别表示地区 j 乡城人口就近城镇化与远程城镇化的率贡献，r_l^j 为地区 j 就近城镇化指数，用以表示该地区人口就近城镇化在迁移城镇化发展中的贡献水平。S 表示一系列社会经济因素，包括人均 GDP、第二产业比重、第三产业比重、城乡收入差距、户籍城镇化率、人口净流入率，G 表

---

① 重庆市分割为市辖区和非市辖区两个地区进行处理，因此共计 362 个基本地区单元。

示地理环境因素,包括到最近大城市(如省会及副省级城市)的公路交通时
间、人口密度、平均海拔、地形起伏度、经纬度。其中,城乡收入差距为地级
或县级单元内部城乡收入差距,以城镇人均可支配收入与农村人均纯收入
之比表示;地形起伏度采用封志明等(2007)的计算方法;地区经度和纬度采
用当地政府所在地的经纬度。

4.5.2　实证结果

表 4.3 所示为就近时间距离阈值为 2 小时和 4 小时条件下就近城镇化
与远程城镇化的率贡献及就近城镇化指数分别作为因变量的回归分析拟合
结果。可以看出:

第一,经济发展指标主要作用于时间距离为 4 小时以内就近城镇化的发
展,但对就近、远程城镇化区域发展格局影响较小。人均 GDP、第二产业比
重的增大对 2 小时阈值下就近城镇化、远程城镇化率贡献及 4 小时阈值下就
近城镇化率贡献产生正向影响,且对 2 小时阈值下就近城镇化率的影响明显
大于远程城镇化,对 4 小时阈值下远程城镇化的率贡献无显著影响。第三产
业比重的增大主要对 2 小时阈值下远程城镇化率贡献及 4 小时阈值下就近
城镇化率贡献产生正向影响,说明第三产业比重主要影响时间距离 2—4 小
时之间迁移城镇化的发展。与区域之间的经济发展差距不同,一个地区内
部的城乡收入差距主要是构成该地区乡城人口迁移及城镇化的作用力,结
果显示城乡收入差距扩大仅对 2 小时阈值下远程城镇化的率贡献有一定的
负向影响,对 2 小时阈值下就近城镇化指数呈显著正向影响,对 4 小时阈值
下远程城镇化率贡献和就近城镇化指数没有显著影响,说明城乡收入差距
的扩大将显著减少时间距离为 2—4 小时之间的乡城人口迁移及其对城镇化

表 4.3　模型回归结果

变　　量	就近时间距离阈值为 2 小时			就近时间距离阈值为 4 小时		
	就近城镇化	远程城镇化	就近城镇化指数	就近城镇化	远程城镇化	就近城镇化指数
人均 GDP(元,对数)	1.495***	0.851***	−0.001 29	1.846***	0.500**	0.038 7
	(0.350)	(0.227)	(0.061 0)	(0.399)	(0.204)	(0.060 2)
第二产业比重(%)	0.044 0***	0.016 1	0.005 59**	0.055 6***	0.004 49	0.003 10
	(0.016 1)	(0.010 05)	(0.002 81)	(0.018 4)	(0.009 42)	(0.002 77)
第三产业比重(%)	0.027 1	0.035 5***	−0.003 54	0.045 1**	0.017 4	−0.002 94
	(0.020 0)	(0.012 9)	(0.003 48)	(0.022 7)	(0.011 7)	(0.003 43)
城乡收入差距	0.085 4*	−0.214*	0.076 6**	−0.025 3	−0.103	0.049 5
	(0.199)	(0.129)	(0.034 6)	(0.226)	(0.116)	(0.034 2)
户籍人口城镇化率(%)	−0.082 5***	−0.016 5*	−0.007 00***	−0.096 6***	−0.002 32	−0.005 55***
	(0.012 0)	(0.007 76)	(0.002 09)	(0.013 6)	(0.006 99)	(0.002 06)
人口净流入率(%)	−0.002 31	0.004 92***	−0.001 01***	−0.001 14	0.003 74***	−0.000 848***
	(0.001 86)	(0.001 21)	(0.000 324)	(0.002 12)	(0.001 09)	(0.000 320)
到最近大城市时间(分钟,对数)	−0.145	0.363***	−0.052 0**	−0.122	0.340***	−0.054 1**
	(0.149)	(0.096 3)	(0.025 9)	(0.169)	(0.086 7)	(0.025 5)
人口密度(人/平方千米,对数)	−0.582***	−0.290***	−0.049 9*	−0.725***	−0.148	−0.018 6
	(0.154)	(0.100 0)	(0.026 9)	(0.176)	(0.090 1)	(0.026 5)
平均海拔(米,对数)	0.685***	0.265***	0.055 0**	0.817***	0.133	0.050 7**
	(0.150)	(0.097 2)	(0.026 1)	(0.171)	(0.087 5)	(0.025 8)

续表

变　量	就近时间距离阈值为 2 小时			就近时间距离阈值为 4 小时		
	就近城镇化	远程城镇化	就近城镇化指数	就近城镇化	远程城镇化	就近城镇化指数
地形起伏度	-0.694***	-0.258*	-0.085 5**	-0.821***	-0.130	-0.037 8
	(0.207)	(0.134)	(0.036 0)	(0.235)	(0.121)	(0.035 5)
经度	0.098 1***	0.029 7***	0.011 9***	0.121***	0.007 02	0.014 4***
	(0.016 6)	(0.010 7)	(0.002 89)	(0.018 9)	(0.009 68)	(0.002 85)
纬度	-0.052 5***	-0.104***	0.011 1***	-0.089 3***	-0.067 0***	0.004 69
	(0.020 2)	(0.013 1)	(0.003 52)	(0.023 0)	(0.011 8)	(0.003 47)
截距项	-20.33***	-8.362***	-0.315	-24.88***	-3.815	-0.659
	(4.640)	(3.006)	(0.808)	(5.279)	(2.708)	(0.797)
N	362	362	362	362	362	362

注：* $p < 0.1$，** $p < 0.05$，*** $p < 0.01$。

资料来源：《中国城市统计年鉴——2016》及作者测算。

水平的贡献。

第二,户籍人口城镇化率、人口净流入率较高的地区倾向以远程城镇化发展为主。户籍人口城镇化率主要与就近城镇化的率贡献存在反向关系,人口净流入率主要与远程城镇化率贡献存在反向关系,两者均与就近城镇化指数存在反向关系。户籍人口城镇化率和人口净流入率均能够反映地区综合发展水平,两者对就近、远程城镇化发展的影响机制存在一定的内部联系。户籍人口城镇化率越高的地区,其城镇化率高基数效应往往越明显,迁移城镇化的率贡献也会趋于下降,①但户籍城镇化率高的地区综合发展水平也较高,对于远程迁移人口的吸引能力较强,而就近范围内的乡城人口迁移比较有限,远程乡城人口迁移相对"无限",因此随着户籍城镇化率高,相对于远程城镇化而言,城镇化率高基数效应对就近城镇化率贡献的抑制作用也将越大。同样,人口净流入水平越高的地区越需要来自远距离地区的人口流入,远程城镇化的发展表现相对更强势。

第三,偏远、地广人稀地区更倾向于以远程城镇化发展为主,海拔高、地形起伏度小的地区更倾向于以就近城镇化发展为主。到最近大城市时间主要体现地区的偏远程度,人口密度主要体现区域地广人稀的程度,平均海拔和地形起伏度主要体现地区的自然地理条件。在两种阈值下,到最近大城市时间主要与远程城镇化率贡献呈显著同向关系,与就近城镇化指数呈现显著反向关系;人口密度和地形起伏度则主要与就近城镇化率贡献存在显著反向关系;平均海拔则主要与就近城镇化率贡献存在显著同向关系,而且其在 2 小时阈值下对就近城镇化率贡献的回归系数绝对值明显大于对远程城镇化率贡献的回归系数绝对值,在 4 小时阈值下与远程城镇化率贡献的关系均不显著。

---

① 如北京、上海、天津,这三座直辖市本身的户籍人口城镇化率已经很高,大量流入人口也难以进一步大幅度提高其城镇化率。

第四,随着纬度、经度增大,就近城镇化发展相对远程城镇化更加强势。中国幅员辽阔,东西、南北都有数千公里,除以上因素以外仍有诸多其他因素在经纬度两个方向上存在明显差异,对不同地区就近、远程城镇化的发展也产生不同的影响。在经度方向上,中国自然地理环境西高东低的地形差异,造成东部地区人口、城市密度高,西部地区地广人稀城市少,这使得随着经度的增大,越往东乡城人口就近迁移越多,就近城镇化发展的率贡献越大。在纬度方向上,中国自然地理环境主要表现为气温由南向北由高趋低、降水由多趋少,气候要素造成综合发展水平的纬向差异,北方人口、城市分布比较稀疏,南方人口、城市分布相对稠密,而且北方人更倾向于安土重迁,这使得随着纬度的增大,越往北两种阈值下的乡城人口迁移规模及就近城镇化与远程城镇化的率贡献都趋向减小,尤以远程城镇化率贡献的减小趋势更加明显。

4.6　城市群农村劳动力迁移动向——基于长三角的调查

为把握城市群农村地区劳动力迁移动向,复旦大学人口研究所课题组于 2023 年对长三角农村地区劳动力开展问卷调查,涉及劳动力人口的基本特征、家庭结构、就业现状、迁移意愿等多维信息。该调查覆盖江苏、安徽和浙江三省的 12 个地级市,包括丽水、六安、兴化、南通、台州、杭州、泰州、温州、湖州、苏州、阜阳、马鞍山,在各地级市选取典型人口流入县和流出县各 1 个,根据人均 GDP 或人均收入水平将调查县所辖乡镇排序,按等距抽样方法确定 2 个调查乡镇,同样根据人均 GDP 或人均收入水平按等距抽样方法确定 5 个调查行政村委会,最后根据村委会提供的家庭户名单,等距抽取其中 20% 的家庭户进行调查,由户主作为主要受访者。最终,该调查收回有效问卷 5 187 份,涉及 146 个村级单元。

调查样本的人口学特征如下:

(1) 性别结构方面,如表 4.4 所示,男性占比为 51.90%,女性占比为 48.10%,体现了劳动力性别分布的基本均衡。(2)年龄结构方面,如表 4.5 所示,调查结果显示,受访者年龄主要集中在 33—53 岁之间,占比高达 54.37%,可见中青年群体仍是长三角农村地区劳动力主力军。(3)受教育水平方面,如表 4.6 所示,受访者中具有初中及以下学历的占比为 33.10%,高中及职业技术教育占比为 24.66%,大学专科及以上占比为 42.24%。这一数据说明,长三角农村劳动力整体受教育水平较高,高等教育普及度相对较高,这也为他们向城市迁移并融入城市提供了一定的基础。(4)在家庭规模方面,如表 4.7 所示,多数家庭由 3—4 人构成,占比达 44.13%,5—6 人的家庭占比为 31.00%,1—2 人的家庭占比为 19.47%,仅有 5.38% 的家庭人口超过 7 人。中小家庭规模占比突出,显示长三角农村家庭以核心家庭为主,同时存在一定比例的三代及以上同住家庭。

表 4.4 受访者性别

性别	人数(人)	占比(%)
男	2 692	51.90
女	2 495	48.10
合计	5 187	100

表 4.5 受访者年龄

年龄	人数(人)	占比(%)
≤33 岁	1 214	23.41
33—53 岁	2 819	54.37
53—73 岁	1 103	21.27
73—93 岁	49	0.95
合计	5 187	100

表 4.6 受访者受教育程度

受教育程度	人数(人)	占比(%)
未上过学或扫盲班	43	0.83
小学	333	6.42
初中	1 341	25.85
高中/职高/中专/技校	1 279	24.66
大学专科	1 117	21.53
大学本科及以上	1 074	20.71
合计	5 187	100

表 4.7 受访者家庭规模

家庭规模	人数(人)	占比(%)
1—2 人	991	19.47
3—4 人	2 246	44.13
5—6 人	1 578	31.00
≥7 人	274	5.38
合计	5 187	100

表 4.8 受访者主要工作

主要工作	人数(人)	占比(%)
农业	1 342	25.87
非农业	2 853	55.00
没有工作/离退休	479	9.23
家务	513	9.89
合计	5 187	100

调查结果显示(表 4.8),55%的受访劳动力从事非农业工作,农业相关工作占 25.87%,离退休或无工作状态占 9.23%,家务劳动占 9.89%。非农业就业比重较大反映出城市群地区农村劳动力就业结构转型趋势明显,当地非农产业已经成为农村劳动力就业的主要部门。

受访者中,仅有 11.57%的劳动力明确表示有外出务工计划(表 4.9),大部分劳动力(54.77%)计划在本地就业,尚有 31%的劳动力处于未明确计划的状态。这表明,长三角农村劳动力更倾向于本地就业,就近就业的趋势明显。

表 4.9　受访者外出务工计划

外出务工计划	人数（人）	占比（%）
离开老家乡镇、在外面工作	600	11.57
在老家乡镇工作、不打算外出工作	2 841	54.77
没想好	1 608	31.00
不打算工作	101	1.95
缺失值	37	0.71
合计	5 150	100

选择不外出务工的受访者中（表 4.10），不外出的主要原因包括照顾子女（52.69%）、照顾老人（45.58%）和夫妻团聚（27.98%），家庭责任成为农村劳动力选择就近就业和居住的重要因素之一。明确计划外出务工的劳动力中，如表 4.11 所示，有 25% 选择省外务工，主要目的地包括上海、苏州、南京、杭州和宁波等长三角区域内城市，显示出长三角区域内经济联系的紧密程度和就业吸引力。

表 4.10　受访者不打算外出务工的原因

在老家乡镇工作、不打算外出工作的原因	人数（人）	占比（%）
家里土地需要耕种	422	14.85
照顾老人	1 295	45.58
照顾子女	1 497	52.69
夫妻团聚	795	27.98
外出工作不稳定、收入低	353	12.43
外面生活难以融入	329	11.58
打算在家乡创业	367	12.92
外面工作太累	108	3.80
年龄太大	340	11.97
身体不好	159	5.60
目前工作稳定	236	8.31
其他	68	2.39

表 4.11　受访者外出务工的地点

外出工作地点	人数（人）	占比（%）
老家县城	111	18.50
老家其他县	93	15.50
老家所在省的其他地区	99	16.50
省外	150	25.00
不确定	147	24.50
合计	600	100

关于落户意愿的调查显示（表 4.12）：首先，无明显迁户落户意愿的受访者占比高达 42.59%，一方面显示长三角农村地区户籍挂钩相关利益（如宅基地等）的价值趋于下降，另一方面表明城镇户籍对农村居民的吸引力并不充分；其次，有 30.78% 的受访者倾向在老家县城落户，有不到 20% 的受访者选择在省内其他地区落户，其中首选老家地级市市区（9.22%），省外城市落户意愿占 7.76%，显示出典型的就近城镇化特征；最后，就近落户（本县或本市）的主要动机包括子女教育、医疗养老保障（表 4.13），而省外落户的主要动机为子女教育和发展机会，可以看出，子女教育成为农村人口落户选择的最核心影响因素，体现出农村劳动力对相关社会服务的强烈需求。

表 4.12　受访者希望落户的地点

希望落户地点	人数（人）	占比（%）
老家县城	1 352	30.78
老家地级市市区	405	9.22
老家所在省其他地级市或县城	177	4.03
老家省会城市	247	5.62
省外城市	341	7.76
无所谓	1 871	42.59
合计	4 393	100

表 4.13　受访者希望到本县以外地点落户的原因

希望到本县以外地点落户的原因	老家地级市市区（％）	老家所在省其他地级市（％）	老家省会城市（％）	省外城市（％）
子女教育	84.94	81.36	82.59	74.75
医疗养老保障	60.84	58.76	63.56	61.62
发展机会多	48.19	48.59	59.51	63.64
收入高	34.34	36.72	41.70	56.57
社会包容度高	13.86	14.12	18.62	32.32
生活丰富	28.61	23.16	36.44	37.37
其他	0.60	2.82	0	0

以上调查结果显示长三角农村劳动力迁移动向呈现出区域内流动显著、就近城镇化特点突出、社会服务需求强烈等特征，反映成熟城市群内部以县域城镇化为主体的就近城镇化趋势。因此，位于城市群内部的县域仍具有较大发展潜力，特别是在推动城乡融合发展中将扮演关键角色。

4.7　本章小结

本章的研究可总结为以下几点：

第一，中国城市群的人口就近与远程城镇化区域特征差异明显。2 小时阈值下，东部经济发达地区与西部内陆地区的远程城镇化更为强势，中部地区城市群的就近城镇化相较远程城镇化更加强势或相当，多数北方地区城市群的就近城镇化率贡献更高，南方地区城市群则多以远程城镇化为主。4 小时阈值下，仅天山北坡与珠三角城市群以远程城镇化为主要推动力，其余城市群均以就近城镇化为主要推动力或二者相当。

第二，中国人口就近城镇化与远程城镇化的区域发展，受经济社会发展水平、地理环境等多种因素的综合影响,其中地理环境因素和以户籍人口城镇化率和人口净流入率为代表的综合发展水平是塑造就近-远程城镇化区域模式的主要因素。总体而言,远程城镇化的率贡献随人均 GDP、人口净流入率、到最近大城市的距离的增大而增大;就近城镇化的率贡献随人均GDP、城乡收入差距和平均海拔的增大而增大,随户籍人口城镇化率、人口密度、地形起伏度的增大而减小;就近城镇化、远程城镇化的率贡献随经度增大而增大,其中就近城镇化增大趋势更强,两者随纬度升高均呈减小趋势,远程城镇化的减小趋势相对更强。上述诸多因素的综合作用,决定了各个地区的乡城人口迁移及就近-远程城镇化模式,塑造了全国乡城人口迁移及就近城镇化与远程城镇化的区域发展格局。

第三,中国人口迁移城镇化的影响因素及各城市群的就近城镇化与远程城镇化区域发展格局十分复杂,《国家新型城镇化规划(2014—2020)》虽然提出要在中西部地区促进就近城镇化的发展,但面对中西部地区城镇化发展区域差异的复杂性,必须认真调查研究,坚持"因地制宜",根据各城市群实际情况选择"就近"还是"远程"的城镇化发展方向。如在地理环境的制约下,宁夏沿黄等低地形起伏度的城市群天然具有就近城镇化而非远程城镇化的发展属性,推进这些地区自身的经济发展、增强中心城市综合实力将是推动这些区域就近城镇化发展的有效措施;天山北坡等偏远、地广人稀、高地形起伏度的城市群则天然不具备就近城镇化的发展属性,远程城镇化将是这些地区城镇化发展最主要的方式。

第四,长三角等东部沿海城市群中的核心城市主导了其对于全国范围内远程城镇化的贡献,而毗邻核心城市的县域城镇则在就近城镇化、城乡融合发展上起到关键作用。基于此,以人为核心的新型城镇化战略应更加注重提升城市群地区的城乡公共服务水平,尤其是在教育和医疗养老等关键领域。同时，应持续强化本地就业支持政策，积极培育适应本地劳动力的多元产业体系，推动农村人口实现就近、就地的稳定转移，进一步促进城乡要素自由流动和区域协调发展，助力长三角区域高质量一体化发展。

第五，本章提出的就近城镇化和远程城镇化的量化定义和测度方法，以及应用这种方法对中国各城市群就近城镇化与远程城镇化的发展及其影响因素的分析，为正确把握和推进中国未来就近城镇化，乃至整体城镇化的发展提供了一种科学方法和重要科学依据，对作为未来城镇化及区域发展主要空间形态的都市圈的划分也具有一定的应用价值。当然，本章还存在一些局限：如采用的人口统计数据时效性较差，且主要以现住地和户籍登记地分离作为人口迁移的主要统计依据，这一口径往往忽略户籍迁移人口，容易造成对迁移城镇化率的低估，未来采用手机信令、百度迁徙等大数据可进一步提高测度的时效性和准确性；对就近城镇化、远程城镇化区域发展差异的分析也仅停留在测度和描述层面，各地区如何进一步明确就近-远程城镇化的发展路径，需要从更多维度进行检验和论证。

第5章 城市群人口迁移与经济集聚的空间互动

5.1 引言

伴随人口与经济等要素向城市群不断集中,人口迁移对城市群的空间结构和经济发展产生重要影响(李佳洺等,2014)。中国城市群将呈现出何种人口迁移与经济集聚的空间效应?比尔·斯科特将城市群的空间结构演化划分为单中心、多中心和网络化等三个阶段(方创琳等,2018),不同的城市群空间结构是否呈现出不同的人口集聚与经济聚聚的空间效应?为回答以上问题,本章将对长三角、京津冀及珠三角三大城市群展开研究。

长三角城市群以国家级城市上海为核心,范围涉及江苏、浙江和安徽三省。20世纪80年代,上海向江苏、浙江转移产业,带动了区域内城市间的经济联系。这一"去中心化"过程增强了产业间的协作,推动了内陆城市的发展机会。同时,受制于相似的生产要素禀赋和制度背景,也加剧了地方间的资源竞争(Guo and Sun,2023;Li,2022;Li and Wu,2018)。在此背景下,长三角逐步演化为一个多中心城市群，多个次中心城市和中小城市共同参与区域发展，在竞争中也体现出合作格局（Li，2022；Li and Wu，2018；Ye et al.，2019）。在所有城市群中，长三角拥有最高的人均 GDP 和最多的迁入人口（Gu et al.，2019；Liang and White，1997）。

珠三角位于广东省境内，自 20 世纪 80 年代初期起，来自香港和澳门的资本注入激发了该地区的经济增长（Zhang and Wu，2006）。凭借优越的地理区位和中央给予的区域性政策支持，广州和深圳逐步成为区域发展的"双引擎"。由此，珠三角也由最初的单中心格局向多中心结构演化（Chao et al.，2014；Li，2022）。但与长三角多城市均衡参与发展的格局不同，珠三角的多中心性程度相对较低，广州与深圳作为唯二的特大城市在区域竞争与合作中占据主导地位（Chen，2007；Demuynck et al.，2023；Yeh et al.，2015；Yue et al.，2025）。

京津冀地区由两个国家级城市——北京和天津，以及河北省部分城市组成。北京作为国家的政治与经济中心，在区域发展中占据压倒性主导地位（方创琳等，2021）。大量的资本、资源与人才集中于北京，限制了周边地区的发展空间，使该区域整体发展水平低于其他城市群，流入北京周边地区的人口也较少（Lu et al.，2020；Zhang et al.，2021）。同时，核心城市与外围地区之间日渐弱化的产业联系进一步加剧了区域内部的不平衡（Ma et al.，2014；石明等，2022）。因此，京津冀的多中心性最弱，外围地区缺乏显著的次级增长极（Fang and Yu，2017；Li，2022）。

本章将首先构建城市群人口与经济集聚的理论分析框架，提出研究假设，然后利用长三角、京津冀及珠三角三大城市群数据，建立空间联立方程模型以缓解内生性问题，对比各城市群回归结果，分析不同空间结构下城市群人口迁移与经济集聚空间互动效应之异同，以期从人口迁移的空间效应视角推动城市群演化理论发展。

5.2　理论框架与研究假设

5.2.1　城市群人口集聚的空间效应

经典的新古典迁移理论,如人口迁移的 H-T 模型(Harris and Todaro,1970),将人口迁移归因于流出地、流入地的收入差异、就业机会等因素;以 NELM 理论为代表的新迁移经济理论则从风险分散的角度拓展了人口迁移理论,认为人口迁移的主要目标不仅仅是最大化预期收入,同时也要最小化家庭风险——劳动力的分散配置促使了人口迁移(Stark and Bloom,1985)。

厘清人口迁移的原因之后,人口迁移的空间效应也引起了学者们的广泛关注。勒沙杰与佩斯(LeSage and Pace,2008)分析了人口迁移过程中迁移量在"流出地""流入地"两个方向上存在显著的空间交互作用。这一结论也得到了中国数据的实证支持。才国伟和钱金保(2013)进一步指出人口迁移具有显著的双向空间相关作用,其中,流出地空间相关作用度量了需求引起的空间交互作用,而流入地空间相关作用度量了供给引起的空间交互作用。连蕾(2016)则在引力方程分析框架下,基于 O-D 模型,检验了流出地、流入地相关因素及其周边地区对应因素对中国人口迁移决策的影响,分析认为人口迁移的影响因素在空间上相互影响,即人口迁移的空间交互作用显著——同样具有中国数据的实证支撑。

人口的迁移伴随着人口的集聚,也伴随着城市化的推进(杨柳青青,2017)。城市群人口空间结构演化的动力源于区域竞争、统筹规划、政府管理、市场协调机制（Mollenkopf and Castells，1991），以及产业集聚、扩散、转移与技术进步（王双玲，2007）。虽然中国城市人口的空间集聚程度不高，但是局部城市人口集聚状态明显（陈刚强等，2008），这种人口的集聚状态在长三角、京津冀、珠三角城市群尤为显著（顾朝林、庞海峰，2009）。整体而言，中国城市人口体现出集聚分布的特点（许学强、朱剑，1988）。

然而，城市人口集聚分布是否与空间相邻关系和地理位置有关，是否存在显著的空间效应？吴雪萍和赵果庆（2018）基于中国城市群的研究，给出了肯定的答案。此外，在美国大城市中心与其腹地的研究中，腹地的发展深受其与大城市中心的联系交往密切度的影响（Partridge et al.，2008）。进一步，这种影响也是具有差异性的，如有研究表明大城市对人口少于25万的邻近地区具有积极的增长效应，而对邻近的中型城市产生了空间竞争效应（Partridge et al.，2008）。

5.2.2　城市群经济集聚的空间效应

劳动力共享、专业化投入及知识溢出使得规模经济得以产生，而规模经济带来的正外部性则使得集聚效应形成（Marshall，1890）。在城市集聚与扩散的过程中，交通运输成本降低等正外部性条件使得城市集聚产生（Krugman，1991），而交通成本很高或很低的时候则会使得城市向外扩散（Henderson，1997；Tabuchi，1998）。企业、消费者的集聚使得城市空间集中度提高，随着集聚力的加强，城市过度集中带来的诸如污染、交通拥挤、高昂房价与地租等大城市病显现；高昂的交通成本与生活成本使得规模不经济出现，迫使企业与消费者向周边扩散（Krugman and Venables，1995）。如果把规模不经济等负外部性产生的扩散看作一种被动扩散，由知识溢出带来的扩散则成为一种主动扩散(葛宝琴,2010)。

信息与知识的溢出,使得经济行为在城市集中,促使城市成为经济增长的引擎(Lucas,1988)。经济全球化与区域经济一体化背景下,地区间经济发展的相互依赖性提高,经济集聚的空间效应显现(Carlino and Kerr,2015;张可,2019)。区域经济增长除了取决于自身要素投入外,还受到周围地区经济发展的影响;受益于地理位置的空间相邻、投入产出的产业关联等,空间溢出效应成为中国区域经济发展的重要影响因素(李小建、樊新生,2006;柯善咨,2010;潘文卿,2012)。这种空间效应在城市群的不同发展阶段呈现出不同的特点:发展初期,大城市从周边小城市吸纳要素,抑制了小城市的发展;发展后期,小城市因临近大城市,得到正向的溢出效应而获得更强的增长动力(孙斌栋、丁嵩,2016)。

5.2.3　城市群人口与经济集聚的交叉互动效应

关于经济集聚对人口分布的交叉互动效应的研究得到部分学者的关注。有学者利用中国西北五省人口数据,采用广义嵌套空间计量模型实证分析认为,经济发展水平对人口分布具有负向的空间溢出效应(米瑞华、高向东,2019)。人口对经济集聚的交叉互动效应的研究也得到了部分学者的关注。有学者从人口空间分布的角度,基于1992—2012年全球126个国家或地区的面板数据,构建空间滞后模型,实证分析认为GDP的增长除了受到本国的人口分布影响,还受到相邻国家人口分布的影响,即人口分布对经济集聚的空间价差效应得到国际数据的实证支撑(米瑞华、高向东,2019)。也有学者从人口年龄、城乡及教育结构出发,利用2000—2015年省际面板数据,采用空间杜宾模型,实证分析认为,中国各省域的人口年龄、城乡、教育结构的变化不仅直接促进了本省的经济增长，还促进了邻近地区的经济增长，且对邻近地区经济增长的促进作用大于对当地经济增长的促进作用，即人口对经济集聚的空间交叉效应显著（赵春燕，2019）。还有学者从要素投入的角度，对比了经济增长过程中，资本投入、科技创新及劳动力投入对经济集聚的空间效应；针对粤港澳大湾区的实证分析认为劳动力投入对经济增长的空间效应不显著（孙坚强等，2019）。

总体而言，城市群人口与经济集聚空间效应的研究较少，尤其是对二者空间交叉效应的研究更少；而考虑不同城市体系特征下的人口与经济集聚空间效应的研究，则是相关领域的空白。且已有文献主要存在以下缺陷：第一，在考虑人口迁移与经济集聚关系时较少考虑到空间机制；第二，在考虑人口迁移与经济集聚空间关系时，现有实证分析未考虑到二者之间具有的双向因果关系，从而得到的估计结果是有偏的；第三，关于城市群人口与经济集聚的空间效应的实证分析研究，鲜有考虑到二者之间在空间上存在的内生性问题，从而得到的估计结果也是有偏的；第四，分析研究城市群人口迁移与经济集聚的关系，需要考虑不同城市群的发育程度，而这却是已有研究的空白。

5.2.4 研究假设

城市的集聚与扩散使得区域经济呈现非平衡发展状态。根据"增长极"理论，集聚力与扩散力的共同作用下，经济增长率先发生在中心城市，之后通过知识溢出、要素流动等空间作用，辐射带动整个地区的发展（Perroux，1950）。另一方面，这种"极化效应"与"扩散效应"也使得地区发展差异扩大化，形成了地理空间的二元结构（Myrdal，1957）；如果把经济率先增长地区对欠发达地区产生的不利作用、有利作用分别称作"极化效应""涓滴效应"，则涓滴效应最终会大于极化效应,从而占据主导地位(Hirschman,1958)。当然,经济率先发展的地区逐渐形成"中心",其他缓慢发展地区则形成了"外围",中心居于统治地位,而外围在发展上依赖于中心(Friedman,1969)。这种不平衡成长差异在区域发展之初尤为显著,之后区域间不平衡程度将趋于稳定,当达到发展成熟阶段时,区域间成长差异将渐趋缩小,实现均衡成长(Williamson,1965)。20 世纪 90 年代,以克鲁格曼、藤田、阿瑟及维纳布尔斯为代表的新经济地理学派将视角聚焦在经济活动的空间分布规律,深化了"中心-外围"模型,将"本地市场效应"与"价格指数效应"作为集聚力的动因,而将"市场拥挤效应"作为分散力的动因(Krugman,1991;Venables,1996;Krugman and Venables,1995;Fujita,1999)。

城市的形成使得内部规模经济化及交通成本降低(Quigley,2009),城市群的发展则使得城市的外部性、知识溢出等集聚效应成为现代城市发展的意义(葛宝琴,2010)。城市空间经济结构的形成便是集聚力与扩散力相互作用的结果:当集聚力占据主导地位的时候,人口、要素、信息等资源则在单一节点集聚;当扩散力占据主导地位的时候,城市空间经济结构由单一点的聚集转向多点的聚集,单中心结构则转向了多中心结构,实现了"集聚-集聚扩散-扩散集聚-再集聚"的城市空间经济结构的演化。随着城市化的进一步发展,城市功能分区日趋明显,城市内部空间结构发生巨大变化,形成多个次中心(McDonald,1987)。城市化进程和集聚经济外部性的不断深入,促使城市空间结构发生重大转变,城市空间结构由单中心、等级性传统模式向多功能、网络化的多中心结构模式转变(李国平、孙铁山,2013)。

在城市群单核、多中心的研究中,多数学者均认为在城市化进程达到一定程度后,单中心发展模式要转变为多中心发展模式(Heikkila,1989;Mc-Donald and Prather,1994;Small and Song,1994)。比尔·斯科特将城市群的发展划分为单中心、多中心及网络化等三阶段：在多中心发展阶段，城市群中心城市与次级中心城市相互竞争；发展到网络化阶段的时候，城市群各城市则相互依赖相互竞合，实现共同发展（方创琳等，2018）。由理论分析可知，当集聚力占据主导地位时，城市空间结构处于单中心模式，人口、信息、要素等资源在单一节点集聚，则城市群不存在显著的人口与经济集聚的空间溢出效应。当扩散力占据主导地位的时候，城市空间结构由单一点的聚集转向多点的聚集，单中心结构则转向了多中心结构；城市群作为人口密度较高的地区，其生产力往往受益于多中心结构模式（Li and Liu, 2018），此时城市之间有序发展，城市群存在显著的人口与经济集聚的空间溢出效应。多中心结构模式的集聚外部性已成为学术界的共识（Meijers and Burger, 2010）。基于此，本章提出如下第一个待检验的理论假说：

假说 1：城市群的空间结构由单中心模式转向多中心模式时，人口与经济集聚的空间溢出效应显著。

城市群多中心模式的形成，促成了城市群多个次级中心的形成；在发展初期，城市群的中心城市与次级中心城市多呈现出产业布局同构、区域协同发展程度低，城市群的发展多表现为竞争关系。而当区域内实现一体化发展、协同发展时，城市群成为有机整体，城市之间多表现为合作关系。基于此，本章提出如下第二个待检验的理论假说：

假说 2：城市群的多中心模式深化的过程中，人口与经济集聚的空间溢出效应显著的同时，人口与经济集聚的交叉互动效应也显著为正。

具体而言，在中国，有学者利用 Clark 模型与 Heikkila 多中心模型来判断城市群的人口空间分布结构，认为长三角城市群越来越呈现出多中心结构模式（刘乃全、邓敏，2018）；珠三角城市群也具有较高的多中心性（冯长春等，2014）；而京津冀城市群的多中心空间结构并不成熟（孙铁山等，

2012），呈现出明显的单中心结构(Lv et al.，2017)。由此可见，中国三大城市群中，长三角城市群及珠三角城市群基本形成了多中心模式，其发展均较京津冀城市群更为成熟。基于此，本章提出如下第三个待检验的理论假说：

假说3：长三角城市群及珠三角城市群人口与经济集聚的空间溢出效应较京津冀城市群显著。

值得注意的是，虽然学者们普遍认为长三角城市群与珠三角城市群的发育较京津冀城市群的更为成熟，但是关于长三角城市群与珠三角城市群孰胜一筹，一直未有定论。例如，长三角城市群展现出更完善的产业协同能力和创新能力(李果，2019)，呈现出更为典型的多中心结构模式(孙阳等，2018)；而珠三角城市群的内部联系更为紧密(苗洪亮、周慧，2017)，城市化水平更高(韩靓，2019)。也有学者认为长三角、珠三角城市群整体综合水平相近，但呈现不同的特点(蔻小萱、孙艳丽，2018)。在前述理论分析框架下，为了检验长三角城市群的发展较珠三角城市群的更为成熟，本章提出第四个待检验的理论假说：

假说4：长三角城市群人口与经济集聚的空间溢出效应较珠三角城市群显著。

5.3 样本与数据选取

5.3.1 样本选择

近年来，中国的城市化战略正逐步从单一城市的扩张转向大型城市群的协同发展，旨在推动区域协调与均衡发展（Chen et al.，2021）。2018 年，中国政府发布了全国范围内发展 19 个城市群的长期规划，为新一轮城市化进程奠定了基础。截至目前，中国东部三大城市群——长三角、珠三角和京津冀——展现出引领区域经济增长的最强潜力（Kang et al.，2020）。这三大城市群是中国最具活力的地区之一，吸引了超过 60% 的跨省人口流动（顾浩等，2022；Yu and Zhou，2017）。

此外，它们在空间结构的多中心性及制度安排上呈现出显著差异，为探讨制度因素如何塑造人口迁移与经济增长的空间动态提供了丰富背景（Bo and Cheng，2021；Lu and Tsai，2021；Wang et al.，2023）。

长三角的区域治理最为碎片化，多中心特征最为明显（Lu et al.，2020）。由于涉及四个省级行政单位，政府协调空间有限，使得该地区成为中国城市间竞争最为激烈的区域（Li and Wu，2018；Zhang and Wu，2006；Zhang，2006）。资源的再配置主要依赖于市场驱动的城市间竞争，而非中央主导的政策干预。

珠三角的区域互动则由广东省统一管理，呈现出高度"自上而下"的行政推动特征，多中心特征相对于长三角较弱。这种治理模式有助于推动区域内特色发展战略的实施，如"广州-佛山-肇庆"和"深圳-东莞-惠州"等子区域被指定为区域合作示范区（Xu and Yeh，2005；Lu and de Jong，2019；Ye，2013；Yeh et al.，2015）。因此，珠三角的人口迁移与经济增长既受到市场机制的影响，也体现出强烈的制度特征，有别于长三角的高度市场化路径。

京津冀的发展则凸显北京作为首都的优先发展地位。河北长期承担为北京提供劳动力和资源的"供应地"角色（Lu et al.，2020），在能源开发、产业布局等方面服务于北京需求（Wen and Thill，2016）。截至 2019 年，河北在三大城市群中国有企业产出占比最高,市场化程度最低(王小鲁等,2019)。这种政策导向通过资源配置机制重塑了区域内城市关系,使京津冀在制度和发展逻辑上明显有别于长三角与珠三角。

综上所述,制度因素在很大程度上塑造了三大城市群各自的空间结构特征,最直接的体现为齐夫指数的差异。

齐夫指数采用城市位序-规模的方法,很好地度量了不同的城市规模与其位序之间的关系,反映出了城市体系空间结构的发育水平。采用许学强等(2009)的核算方法,本章采用市辖区常住人口数据计算了中国三大典型城市群(即长三角城市群、京津冀城市群、珠三角城市群)的齐夫指数。由结果可知(见图5.1),长三角城市群、京津冀城市群、珠三角城市群的齐夫指数分别为1.145 2、1.482 6、1.032 6,在1%的显著性水平下,三大城市群的齐夫指数均大于1,表明长三角城市群、京津冀城市群及珠三角城市群的规模均趋向集中,首位城市垄断地位较强。由于齐夫指数的计算深受所采用指标与估计方法的影响,因此具有很强的不稳定性,如周晓波和倪鹏飞(2018)则采用2015年市辖区人口、城区人口与幂指数估计方法得到长三角、京津冀、珠三角城市群的齐夫指数分别为1.157、0.711、1.159 与0.888、0.667、0.823。但仍可以看出,长三角城市群与珠三角城市群的齐夫指数更接近于1,说明长三角与珠三角的城市群体系相对完善。

从表5.1也可看出,长三角城市群及珠三角城市群在经济发展及人口吸引上都要优于京津冀城市群。考虑到城市群的代表性,以及不同城市体系特征阶段对研究中国城市群人口与经济集聚的空间自回归效应与交叉效应差异的重要性,本小节将选取长三角城市群、京津冀城市群、珠三角城市群作为研究对象。

长三角城市群

$\ln Urban_i = 9.935\ 8 - 1.145\ 2 \times \ln R_i$

$R\text{-}squared = 0.996\ 6$

• Inurban   ▨ 95% CI   —— Fitted values

京津冀城市群

$\ln Urban_i = 9.799\ 8 - 1.482\ 6 \times \ln R_i$

$R\text{-}squared = 0.995\ 3$

• Inurban   ▨ 95% CI   —— Fitted values

珠三角城市群

$\ln Urban_i = 9.421\ 8 - 1.032\ 6 \times \ln R_i$

$R\text{-}squared = 0.975\ 2$

• Inurban   ▨ 95% CI   —— Fitted values

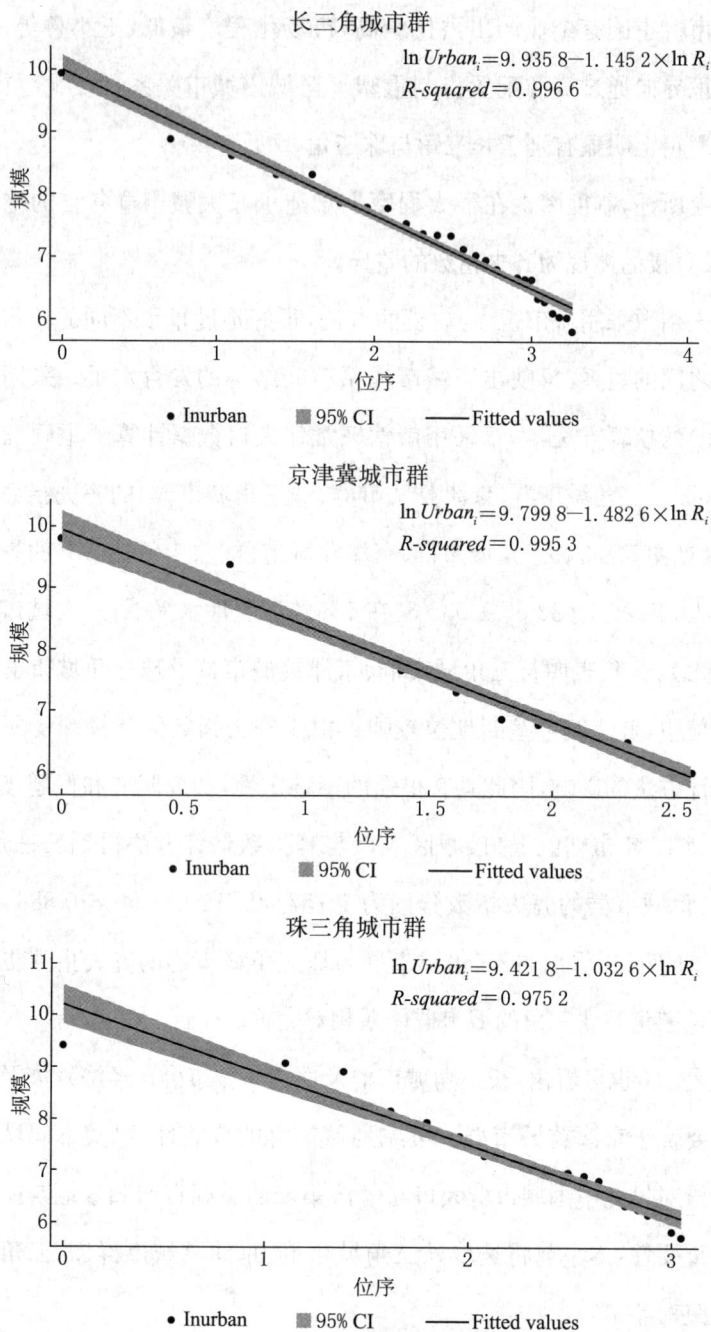

图 5.1　2015 年长三角、京津冀、珠三角城市群位序——回归分析结果

表 5.1　三大城市群人口净流入率与人均 GDP 对比

	长三角	京津冀	珠三角
人口净流入率(%)	15.95	7.27	20.55
人均 GDP(元)	94 538	68 234	74 226

依据国家发改委 2016 年颁布的《长江三角洲城市群发展规划》,本小节选取 26 个城市作为长三角城市群的地理范围,具体包括上海、南京、无锡、常州、苏州、南通、盐城、扬州、镇江、泰州、杭州、宁波、嘉兴、湖州、绍兴、金华、舟山、台州、合肥、芜湖、马鞍山、铜陵、安庆、滁州、池州、宣城。京津冀城市群则包含一省两市,具体包括北京、天津、石家庄、唐山、秦皇岛、邯郸、邢台、保定、张家口、承德、沧州、廊坊、衡水等 13 市。珠三角城市群则选取大珠三角概念,具体包含广州、韶关、深圳、珠海、汕头、佛山、江门、湛江、茂名、肇庆、惠州、梅州、汕尾、河源、阳江、清远、东莞、中山、潮州、揭阳、云浮等 21 个城市。

县域经济是国民经济的重要有机组成部分,是市域经济、省域经济的强有力支撑(王曼,2006);基于县域经济视角,分析研究城市群人口与经济集聚的互动效应,能够深化城市群县域经济发展与合作的理论研究。进一步,在空间计量经济学中,空间权重矩阵是空间统计、空间计量的重要基础;空间权重矩阵的构建、选择对空间模型的估计结果与解释力具有深远影响(Anselin and Bera,1998;Abreu et al.,2005),空间效应的存在性也深刻依赖空间权重矩阵。

基于此,本小节选择长三角、京津冀、珠三角城市群的县域数据作为研究对象,其中,将连片市辖区合并处理为 1 个研究单元;具体而言,长三角城市群包括 125 个县、县级市或合并市辖区,删除高淳县、江都市、姜堰市、绍兴县等 4 个数据缺失的地区,剩余 121 个观察样本;京津冀城市群共有 146 个县、县级市或市辖区，删除栾城县、辛集市、藁城市、鹿泉市、唐海县、定州市等6个行政区划变更或数据缺失的地区，剩余140个观察样本；珠三角城市群共有85个县、县级市或市辖区，删除从化市、电白县、清新县、潮安县、揭东县、云安县等6个行政区划变更或数据缺失的地区，剩余79个观察样本；这构成本节的研究样本。

5.3.2 数据选取

本节的数据主要来源于2015年全国1％人口抽样调查数据及1‰微观调查数据，《中国城市统计年鉴——2016》和《2016中国县域统计年鉴》。其中，人口迁移数据、常住人口等数据来源于2015年1％人口抽样调查数据及1‰人口抽样数据；市辖区层级的相关变量数据取至《中国城市统计年鉴——2016》；县、县级市层级的相关变量数据源自《2016中国县域统计年鉴》。具体而言，包含如下变量：

(1) 内生变量。人口迁移指标，依据数据可得性采用人口净流入率（$total\,fz$）作为其衡量指标，即为一个地区的净流入人口与其常住人口的占比；经济增长指标，考虑到与人口净流入率保持一致性，采用人均GDP（$pgdp$）作为其衡量指标，为了消除量纲及异方差性给建模带来的困扰，对其采取取自然对数（$\ln pgdp$）的处理办法。

(2) 控制变量。人口规模（$people$），齐普夫（Zipf，1946）采用迁移动力机制函数，运用"重力模型"验证了地区迁移规模与两地人口规模成正比，本小节采用年末常住人口作为其衡量指标，并取自然对数（$\ln people$）；第二产业比重（$gdpr2$），即第二产业的增加值占整个地区GDP的比重；第三产业比重（$gdpr3$），即第三产业的增加值占整个地区GDP的比重；固定资产投资

(*invest*),作为经济增长的重要投入要素归入经济增长方程的控制变量中,并取自然对数(ln *invest*);适龄劳动人口比率(*laborratio*),即 15—65 岁人口占年末常住人口的比重,值得注意的是国际惯例是将 15—64 岁作为劳动适龄人口,但考虑到数据可得性,本节选取 15—65 岁作为劳动适龄人口,对估计结果也不会有太大偏差;老龄化率(*aging*),即常住人口中 65 岁及其以上人口的比重。其中人口规模、第二产业比重、第三产业比重作为人口净流入方程的控制变量;人口规模、第二产业比重、第三产业比重、固定资产投资、适龄劳动人口比率及老龄化率作为经济增长方程的控制变量。值得注意的是,为了消除量纲及异方差性给建模带来的困扰,本节对人口规模、固定资产投资采取取自然对数的处理办法。

表 5.2 列出了各变量的描述性统计分析结果。由描述性统计分析可知,2015 年长三角城市群人口净流入率为正(0.008),表明虽然长三角城市群各个地区呈现人口净流入率为正或负的差异,但长三角城市群处于平均人口净流入率为正的状态;而京津冀城市群、珠三角城市群则整体呈现人口净流入率为负的状态。从经济增长角度看,长三角城市群人均 GDP 高于京津冀城市群及珠三角城市群的人均 GDP,且长三角城市群的人均 GDP 差异更小(长三角、京津冀、珠三角城市群的 ln *pgdp* 的标准差分别为 0.527、0.557、0.539),表明长三角城市群的经济发展相对更为成熟。进一步对比三大城市群的其他控制变量,发现长三角城市群在人口规模、第二产业比重、固定资产投资及适龄劳动人口比率等方面均高于京津冀城市群及珠三角城市群的相关指标,人口老龄化程度则较京津冀城市群及珠三角城市群更为严重,第三产业比重则略低于珠三角城市群,这进一步为长三角城市群、珠三角城市群的发展更为成熟这一观点提供了佐证。

表5.2　三大城市群相关变量的描述性统计分析

	变量	样本数	均值	标准差	最小值	最大值
长三角城市群	$total\,fz$(%)	121	0.8	19.9	-42.5	68.6
	$\ln pgdp$	121	11.091	0.527	9.815	12.125
	$pgdp$(元)	121	7 742.91	36 510.64	18 304	184 419
	$\ln people$	121	13.507	0.852	11.169	16.963
	$people$(千人)	121	1 198.734	2 341.852	70.9	23 282.68
	$gdpr2$(%)	121	49.586	8.855	15.13	71.8
	$gdpr3$(%)	121	41.161	9.119	20.77	67.82
	$\ln invest$	121	15.088	1.005	11.905	17.966
	$invest$(亿元)	121	650.43	1 021.25	14.80	6 354.09
	$laborratio$(%)	121	74.2	4.2	62.4	90.2
	$aging$(%)	121	12.4	3.7	4.4	23.9
京津冀城市群	$total\,fz$(%)	140	-5.6	10.3	-44.5	33.1
	$\ln pgdp$	140	10.383	0.557	8.919	11.755
	$pgdp$(元)	140	38 039.83	24 513.28	7 472	127 446
	$\ln people$	140	13.017	0.685	11.412	16.845
	$people$(千人)	140	743.793	2 064.563	90.36	20 678.3
	$gdpr2$(%)	140	43.895	10.883	18.61	70.12
	$gdpr3$(%)	140	37.933	9.738	19.1	79.65
	$\ln invest$	140	14.178	0.964	12.115	18.687
	$invest$(亿元)	140	358.5	1 314.18	18.26	13 012.46
	$laborratio$(%)	140	71.1	5.1	56.6	83.4
	$aging$(%)	140	9.2	2.8	3.2	18.7
珠三角城市群	$total\,fz$(%)	79	-8.7	24.6	-39.2	75.9
	$\ln pgdp$	79	10.552	0.539	9.439	12.063
	$pgdp$(元)	79	44 915.56	30 225.6	12 563	173 310
	$\ln people$	79	13.495	1.009	11	16.394
	$people$(千人)	79	1 366.379	2 381.268	59.86	13 181.18
	$gdpr2$(%)	79	42.171	11.994	9.64	65.31
	$gdpr3$(%)	79	41.657	8.187	22.12	67.11
	$\ln invest$	79	14.192	1.35	9.958	17.806
	$invest$(亿元)	79	376.49	790.05	2.11	5 413.38
	$laborratio$(%)	79	70.2	5.9	57.2	88.9
	$aging$(%)	79	9	2.4	2.1	13.4

5.3.3　空间权重矩阵与空间自相关检验

由前述理论分析可知,在研究城市群人口与经济集聚的互动效应时,需考虑二者的空间效应。但二者是否确实存在空间相关性,则需要进行空间相关性检验,这也是建立空间计量模型的基础,否则可直接采用一般计量模型。

(1)空间权重矩阵。本小节选取空间距离作为权重矩阵。根据 2019 年国家发改委颁布的《国家发展改革委关于培育发展现代化都市圈的指导意见》,城市群通勤圈以一小时为基础;结合城市市内交通通勤时间,现有研究多将两小时作为中国都市圈的通勤边界(牛方曲等,2015)。本小节利用谷歌云计算得到三大城市群交通通勤时间,即城市群内部各县域与市辖区之间的通勤时间 d_{ij},则有空间权重矩阵:

$$W_{ij}=\begin{cases}1 & d_{ij}\leqslant2,\ i\neq j \\ 0 & \text{其他}\end{cases}$$

即当 i 地到 j 地的通勤时间不超过两小时,则定义为两地相邻;反之,则为不相邻。

值得注意的是,空间模型及空间效应的存在性与解释力均依赖于空间权重矩阵的设定,为了检验模型的稳健性,这里将两个半小时通勤圈作为空间权重矩阵,对空间联立方程模型的稳健性进行检验,此内容将在 5.5 小节的稳健性检验部分进行详细探讨。

(2)空间相关性检验。空间自相关检验包括全局空间相关性检验与局部空间相关性检验。全局空间自相关检验常采用 Moran 检验,由表 5.3

给出的检验结果可知,长三角城市群、京津冀城市群及珠三角城市群的人口净流入率与人均 GDP 指标的 Moran 指数均在 1% 的显著性水平下显著为正,表明三大城市群的人口净流入与人均 GDP 均存在显著的正向空间自相关性;进一步采用 Geary 检验,在 5% 显著性水平下,依然可得到上述结论。局部空间自相关检验常采用 Moran 散点图进行说明,散点图的四个象限表达了某一点(区域)和其周围点(区域)四种类型的局域空间联系,即"高高"(第一象限)、"高低"(第二象限)、"低高"(第三象限)和"低低"(第四象限)。图 5.2 显示,相对而言,长三角城市群更呈现"高高"集聚,而京津冀城市群"低高"集聚、"低低"集聚更强,珠三角城市群介于两者中间。

综上所述,三大城市群确实存在显著的空间相关性,建立空间计量模型进行实证分析是合适的,后文则详细探讨了空间联立方程模型的建立与结果的分析。

表5.3　三大城市群全局空间自相关检验

		长三角	京津冀	珠三角
$total\,fz$	Moran	0.375 *** (12.232)	0.069 *** (3.938)	0.492 *** (10.558)
	Geary	0.665 *** (−4.023)	0.649 *** (−2.886)	0.604 *** (−3.763)
$\ln pgdp$	Moran	0.425 *** (14.454)	0.151 *** (8.138)	0.428 *** (9.106)
	Geary	0.543 *** (−6.416)	0.864 ** (−1.885)	0.710 *** (−3.473)

注:括号内给出 Z 统计量的值; *** 表示 $p<0.01$, ** 表示 $p<0.05$, * 表示 $p<0.1$。

长三角城市群

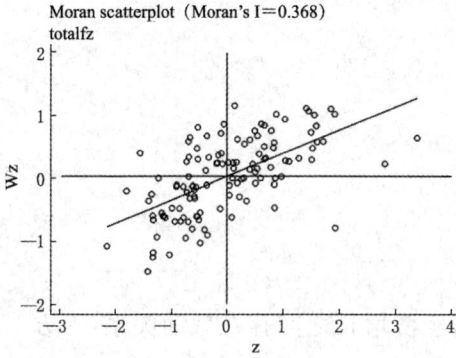

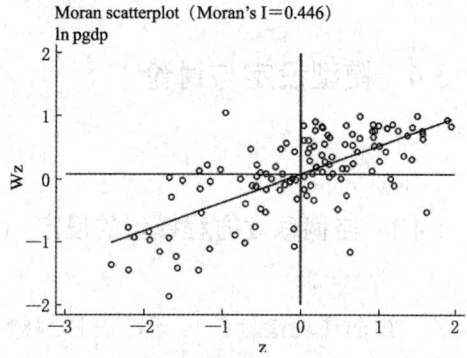

京津冀城市群

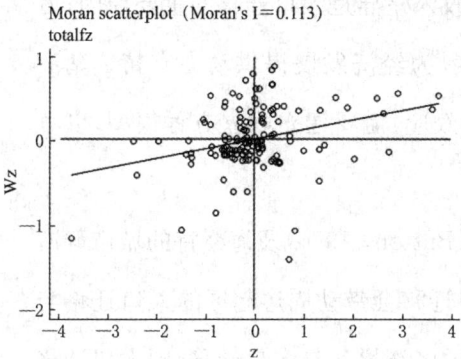

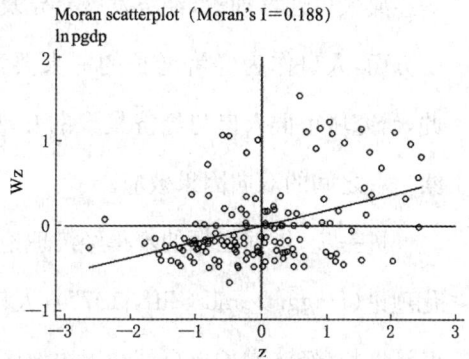

珠三角城市群

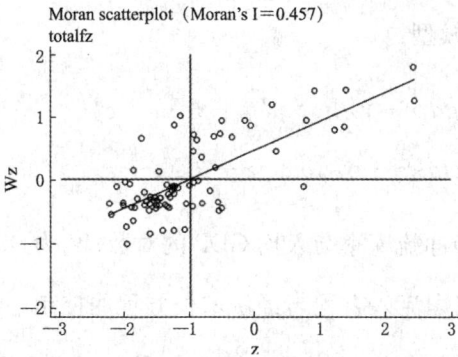

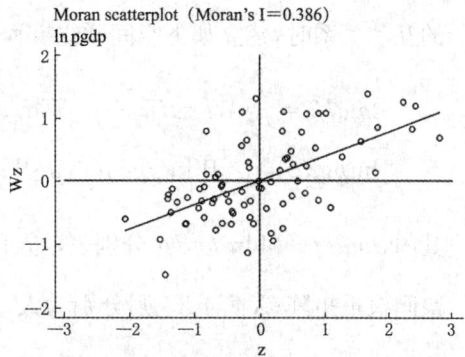

图 5.2　三大城市群人口净流入率与人均 GDP 的 Moran 散点图

5.4 模型设定与讨论

5.4.1 空间联立方程模型的设定

由前述理论分析可知,人口迁移与经济增长之间存在联动关系:一方面,依据拉文斯坦人口迁移规律(Ravenstein,1889),推拉理论(Lee,1966)等经典人口迁移理论,经济发展差异及收入差异是人口迁移的重要原因;另一方面,人口作为经济增长的一大要素,为经济发展提供动力支持。基于此,研究城市群人口与经济集聚的互动效应,需要建立联立方程模型,以考察二者之间的双向因果效应。

进一步,依据巴顿的聚集经济理论(Button,1970)及海格特的城市群演化理论(Haggett and Cliff,1977),人口迁移会带动周边地区的人口迁移与经济增长,经济增长也会带动周边地区的经济增长与人口迁移,即人口迁移与经济增长存在空间效应。基于此,本小节在研究城市群人口与经济积聚的互动关系时,建立如下空间联立方程模型:

$$\begin{cases} totalfz = \rho_{11}W\,totalfz + \rho_{21}W\ln pgdp + \gamma_{21}\ln pgdp + \beta_1 X_1 + \varepsilon_1 \\ \ln pgdp = \rho_{12}W\ln pgdp + \rho_{22}W\,totalfz + \gamma_{22}totalfz + \beta_2 X_2 + \varepsilon_2 \end{cases}$$

其中,$totalfz$ 和 $\ln pgdp$ 分别表示人口净流入率与人均 GDP 的对数;W 为空间权重矩阵;X_1 与 X_2 则分别为人口净流入方程与经济增长方程的控制变量矩阵,其中 X_1 包括人口规模、第二产业比重、第三产业比重,X_2 包含人口规模、第二产业比重、第三产业比重、固定资产投资、适龄劳动人口比率及老龄化率等控制变量；ε_1 与 ε_2 则为误差项。

γ_{21} 和 γ_{12} 分别反映经济增长对人口净流入、人口净流入对经济增长的影响系数；ρ_{11} 和 ρ_{12} 分别表示邻近区域人口净流入对当地人口净流入、邻近区域经济增长对当地经济增长的影响系数；ρ_{21} 和 ρ_{22} 分别表示邻近区域经济增长对当地人口净流入、邻近区域人口净流入对当地经济增长的影响系数；β_1 和 β_2 则为控制变量的影响系数矩阵。雷伊和博阿内特（Rey and Boarnet，2004）给出了空间联立方程模型的分析框架，该模型需要同时考虑回馈同时性（*Feedback*，即 γ_{21} 和 γ_{12}）、空间自回归滞后同时性（*SAR*，即 ρ_{11} 和 ρ_{22}）、空间交叉回归滞后同时性（*SCR*，即 ρ_{21} 和 ρ_{12}）。此内容在 5.5 小节实证结果与分析中进行详细讨论。

5.4.2　内生性问题的讨论

在研究城市群人口与经济集聚互动关系的过程中，难免会因为遗漏变量及联立性等原因导致内生性问题，使得估计结果有偏。由表 5.1—表 5.3 的三大城市群空间联立方程模型的估计结果可知，OLS 估计是有偏的。

基于此，本小节采用空间滞后工具变量得到一致性估计。空间滞后工具变量的构建方法大致有两种（Kelejian et al.，2004）：其一是 $WX(X^{\mathrm{T}}X)^{-1}X^{\mathrm{T}}$，其二是 $X(X^{\mathrm{T}}X)^{-1}X^{\mathrm{T}}W$，$W$、$X$ 分别为空间权重矩阵和外生变量矩阵。雷伊和博阿内特（Rey and Boarnet，2004）对两种工具变量的一致性与估计偏差进行蒙特卡罗模拟，认为方法二偏差最小且更具一致性；故本章采用第二种方法对空间联立方程模型进行 GS3SLS 估计。

5.5 实证结果与分析

5.5.1 三大城市群人口迁移与经济集聚的空间互动效应

根据长三角城市群人口、经济集聚的空间互动效应估计结果（见表5.4），可知城市群人口净流入、人均GDP的空间自回归系数分别为0.047 8、0.000 8，均为正，且分别在5%、10%的显著性水平下显著；表明长三角城市群人口净流入与经济增长均呈现出空间溢出效应。进一步，经济增长对人口净流入的空间交叉回归系数在1%的显著性水平下显著为负（−0.000 6），表明邻地的经济增长不利于本地的人口净流入，经济增长对人口净流入存在虹吸效应，即人口作为经济增长的一大要素，其稀缺性使得人口迁移对高收入存在一定的追逐效应；人口净流入与人均GDP的空间交叉回归系数为负，但无法通过10%显著性水平检验。综上，长三角城市群存在显著的人口净流入的竞争关系。此外，人均GDP对人口净流入的直接反馈系数为正，但无法通过10%的显著性水平检验；人口净流入对人均GDP的直接反馈系数在5%显著性水平下显著为正（1.595 2），表明本地人口净流入对本地经济增长存在显著的正向作用。总而言之，长三角城市群存在显著的人口净流入与经济增长的空间溢出效应，但城市群内部也存在一定的经济增长对人口的虹吸效应：长三角城市群集聚效应显著的同时，其内部城市间也存在一定的竞争。整体而言，长三角城市群集聚水平较高。

根据京津冀城市群人口、经济集聚的空间互动效应估计结果（见表5.5），可知城市群人口净流入的空间自回归系数为0.031 0，且在1%的显

表 5.4　长三角城市群的估计结果(两小时通勤圈)

变　量	OLS		GS3SLS	
	$total fz$	$\ln pgdp$	$total fz$	$\ln pgdp$
$wly\_total fz$	0.041***	0.036**	0.047 8***	−0.008 2
	(0.008)	(0.018)	(0.008 6)	(0.033 1)
$wly\_\ln pgdp$	−0.001***	0.000	−0.000 6***	0.000 8*
	(0.000)	(0.000)	(0.000 1)	(0.000 4)
$\ln pgdp$	0.047		0.034 1	
	(0.035)		(0.043 4)	
$\ln people$	0.057***	−0.501***	0.056 0***	−0.551 5***
	(0.017)	(0.062)	(0.016 3)	(0.066 1)
$gdpr2$	0.011***	0.018***	0.011 3***	0.005 7
	(0.003)	(0.005)	(0.003 0)	(0.008 2)
$gdpr3$	0.013***	0.025***	0.012 6***	0.009 6
	(0.003)	(0.006)	(0.003 5)	(0.010 4)
$total fz$		0.523**		1.595 2**
		(0.201)		(0.633 7)
$\ln invest$		0.525***		0.530 2***
		(0.057)		(0.056 9)
$laborratio$		0.830		−0.078 3
		(0.892)		(1.187 0)
$aging$		2.264**		2.334 1**
		(0.940)		(0.931 5)
截距项	−2.292***	7.039***	−2.141 7***	9.496 6***
	(0.333)	(0.907)	(0.375 6)	(1.677 5)
样本数	121	121	121	121
R^2	0.641	0.824	0.638 8	0.776 1

注:括号内给出标准误;*** 表示 $p<0.01$,** 表示 $p<0.05$,* 表示 $p<0.1$。
$wly\_total fz$ 表示人口净流入率的空间滞后项,$wly\_\ln pgdp$ 表示人均 GDP 的空间滞后项。

表 5.5　京津冀城市群的估计结果(两小时通勤圈)

变　量	OLS		GS3SLS	
	total fz	$\ln pgdp$	*total fz*	$\ln pgdp$
$w1y\_total fz$	0.017 (0.011)	0.060* (0.033)	0.031 0*** (0.011 5)	0.056 3 (0.043 5)
$w1y\_\ln pgdp$	0.000 (0.000)	0.000 (0.000)	0.000 2** (0.000 1)	0.000 2 (0.000 3)
$\ln pgdp$	−0.010 (0.019)		−0.015 1 (0.023 3)	
$\ln people$	0.065*** (0.013)	−0.484*** (0.064)	0.062 1*** (0.013 1)	−0.551 5*** (0.066 1)
$gdpr2$	0.002 (0.001)	0.016*** (0.003)	0.001 8 (0.001 1)	0.015 0*** (0.003 2)
$gdpr3$	0.003** (0.001)	0.012*** (0.003)	0.002 6** (0.001 2)	0.011 7*** (0.004 1)
total fz		−0.004 (0.276)		0.357 5 (1.060 2)
$\ln invest$		0.616*** (0.049)		0.620 3*** (0.049 2)
laborratio		1.026** (0.507)		0.904 3 (0.632 0)
aging		2.074** (0.839)		2.207 2** (0.980 9)
截距项	−0.979*** (0.193)	5.890*** (0.645)	−0.897 3*** (0.210 5)	6.315 5*** (1.301 9)
样本数	140	140	140	140
R^2	0.354	0.804	0.345 7	0.801 1

注:括号内给出标准误; *** 表示 $p<0.01$, ** 表示 $p<0.05$, * 表示 $p<0.1$。

著性水平上显著,人均 GDP 的空间自回归系数分别为正(0.000 2),但无法通过 10% 的显著性水平检验;表明京津冀城市群人口净流入呈现出空间溢出效应,但经济增长的空间溢出效应不显著。进一步,经济增长对人口净流入的空间交叉回归系数在 5% 显著性水平下显著为正(0.000 2),且本地人均GDP 对本地人口净流入的直接反馈系数不显著,表明邻地的经济增长有利于本地的人口净流入,经济增长对人口流入呈现出驱逐效应,经济发达的地区由于人口的生活成本高等原因,使得其人口流入邻地;人口净流入与人均GDP 的空间交叉回归系数为正,但无法通过 10% 显著性水平检验。综上,京津冀城市群存在显著的经济增长对人口流入的驱逐效应,城市群过度集中之势显现;整体而言,京津冀城市群集聚水平较低。

根据珠三角城市群人口、经济集聚的空间互动效应估计结果(见表 5.6),可知城市群人口净流入的空间自回归系数为 0.050 7,且在 1% 的显著性水平上显著,人均 GDP 的空间自回归系数也为正(0.000 9),但无法通过 10% 的显著性水平检验;表明珠三角城市群人口净流入呈现出空间溢出效应,但经济增长的空间溢出效应不显著。进一步,经济增长对人口净流入的空间交叉回归系数在 5% 显著性水平下不显著,但本地人均 GDP 对人口净迁入的直接反馈系数在 1% 显著性水平下为 0.156 6,表明珠三角地区人口迁移主要起因于本地的经济增长,即经济增长对人口迁移的空间互动效应不显著;人口净流入与人均 GDP 的空间交叉回归系数在 1% 显著性水平下显著为负(−0.215 7),且本地人口净流入与人均 GDP 的直接反馈系数在 1% 显著性水平下显著(5.428 7),表明邻地的人口净流入增加不利于本地的经济增长,而本地的人口净流入显著促进本地的经济增长,即珠三角城市群存在显著的经济增长对人口的虹吸效应。总而言之,珠三角城市群存在人口净流入的空间溢出效应,但经济增长的空间溢出效应不显著,其经济增长对人口流入的虹吸效应显著,城市群内部存在一定的竞争,珠三角城市群集聚水平居中。

表 5.6 珠三角城市群的估计结果(两小时通勤圈)

变 量	OLS		GS3SLS	
	total fz	ln *pgdp*	*total fz*	ln *pgdp*
w1y_total fz	0.050 *** (0.012)	0.017 (0.029)	0.050 7 *** (0.012 1)	−0.215 7 *** (0.074 1)
*w1y_*ln *pgdp*	−0.000 (0.000)	−0.001 (0.001)	−0.000 3 (0.000 4)	0.000 9 (0.001 6)
ln *pgdp*	0.143 *** (0.039)		0.156 6 *** (0.044 5)	
ln *people*	0.068 *** (0.016)	−0.386 *** (0.081)	0.066 8 *** (0.015 5)	−0.440 8 *** (0.115 2)
*gdpr*2	0.007 *** (0.002)	0.003 (0.006)	0.006 2 *** (0.002 2)	−0.022 4 ** (0.009 9)
*gdpr*3	0.009 *** (0.003)	0.007 (0.006)	0.008 4 *** (0.002 5)	−0.032 0 ** (0.012 6)
total fz		1.200 *** (0.305)		5.428 7 *** (1.343 5)
ln *invest*		0.380 *** (0.065)		0.181 2 ** (0.082 5)
laborratio		0.790 (0.953)		−2.867 0 (2.254 1)
aging		3.460 * (2.018)		6.042 1 * (3.422 4)
截距项	−3.111 *** (0.372)	9.321 *** (1.066)	−3.193 5 *** (0.406 4)	17.960 *** (2.798 6)
样本数	79	79	79	79
R^2	0.788	0.802	0.787 7	0.108 7

注:括号内给出标准误; *** 表示 $p < 0.01$, ** 表示 $p < 0.05$, * 表示 $p < 0.1$。

对比三大城市群的回馈同时性、空间自回归滞后同时性及空间交叉回归滞后同时性等三大效应(见表 5.7)可知,长三角城市群存在显著的人口净流入与经济增长的空间溢出效应,城市间存在一定的竞争效应,城市群发育成熟度较高;京津冀城市群存在显著的经济增长对人口流入的驱逐效应,城市群过度集中之势显现,城市群发育水平较低;珠三角城市群经济增长对人口流入的虹吸效应显著,城市群内部存在一定的竞争,城市群发育水平居中。

表 5.7　三个城市群人口与经济集聚的空间互动效应对比(两小时通勤圈)

变　量	长三角		京津冀		珠三角	
	$total\,fz$	$\ln pgdp$	$total\,fz$	$\ln pgdp$	$total\,fz$	$\ln pgdp$
SAR	0.047 8 ***	0.000 8 *	0.031 ***	0.000 2	0.050 7 ***	0.000 9
	(0.008 6)	(0.000 4)	(0.011 5)	(0.000 3)	(0.012 1)	(0.001 6)
SCR	−0.000 6 ***	−0.008 2	0.000 2 **	0.056 3	−0.000 3	−0.215 7 ***
	(0.000 1)	(0.033 1)	(0.000 1)	(0.043 5)	(0.000 4)	(0.074 1)
Feedback	0.034 1	1.595 2 **	−0.015 1	0.357 5	0.156 6 ***	5.428 7 ***
	(0.043 4)	(0.633 7)	(0.023 3)	(1.060 2)	(0.044 5)	(1.343 5)
Contrdled	Yes	Yes	Yes	Yes	Yes	Yes
样本数	121	121	140	140	79	79
R^2	0.638 8	0.776 1	0.345 7	0.801 1	0.787 7	0.108 7

注:括号内给出标准误; *** 表示 $p<0.01$, ** 表示 $p<0.05$, * 表示 $p<0.1$。

5.5.2　稳健性检验

空间计量模型及空间效应的存在性与解释力均依赖于空间权重矩阵的设定,为了检验上述空间联立方程模型的稳健性,本章在原模型框架的基础上,将两个半小时作为通勤圈的边界,并由此建立新的空间权重矩阵,对空间联立方程模型的稳健性进行检验。

根据长三角城市群稳健性估计结果(见表 5.8)可知,城市群人口净流入、人均 GDP 的空间自回归系数分别为 0.031 3、0.000 5,均为正,且分别在 1%、10% 的显著性水平下显著;表明长三角城市群人口净流入与经济增长均呈现出空间溢出效应。进一步,经济增长对人口净流入的空间交叉回归系数在 1% 显著性水平下显著为负(−0.000 4),表明邻地的经济增长不利于本地的人口净流入,经济增长对人口净流入存在虹吸效应,即人口作为经济增长的一大要素,其稀缺性使得人口迁移对高收入存在一定的追逐效应;人口净流入与人均 GDP 的空间交叉回归系数为负,但无法通过 10% 显著性水平检验。综上,长三角城市群存在显著的人口净流入的竞争关系。另一方面,人均 GDP 对人口净流入的直接反馈系数为正,但无法通过 10% 显著性水平检验;人口净流入对人均 GDP 的直接反馈系数在 10% 显著性水平下显著为正(2.060 4),表明人口净流入对本地经济增长存在显著的正向作用。总而言之,长三角城市群存在显著的人口净流入与经济增长的空间溢出效应,但城市群内部也存在一定的经济增长对人口的虹吸效应:长三角城市群集聚效应显著的同时也存在一定的内部竞争;表明前述估计结果是稳健的。

根据京津冀城市群稳健性估计结果(见表 5.9)可知,城市群人口净流入的空间自回归系数为正(0.011 9),人均 GDP 的空间自回归系数为正(0.000 1),且均无法通过 10% 的显著性水平检验,但自回归系数符号与前文保持一致;表明京津冀城市群人口净流入、经济增长的空间溢出效应不显著。进一步,经济增长对人口净流入的空间交叉回归系数在 5% 显著性水平下不再显著,且本地人均 GDP 对本地人口净流入的直接反馈系数也不显著;人口净流入与人均 GDP 的空间交叉回归系数为正,但无法通过 10% 显著性水平检验。综上,京津冀城市群人口迁移及经济增长的空间效应不显著,城市群集聚效应弱,这强化了前述结论的可靠性。

表 5.8　长三角城市群的稳健性估计结果(两个半小时通勤圈)

变　量	OLS		GS3SLS	
	total fz	$\ln pgdp$	*total fz*	$\ln pgdp$
w1y_total fz	0.025*** (0.007)	0.027** (0.013)	0.031 3*** (0.006 7)	−0.017 0 (0.022 2)
*w1y_*$\ln pgdp$	−0.000*** (0.000)	−0.000 (0.000)	−0.000 4*** (0.000 1)	0.000 5* (0.000 3)
$\ln pgdp$	0.055 (0.036)		0.064 5 (0.044 1)	
$\ln people$	0.059*** (0.017)	−0.498*** (0.062)	0.060 4*** (0.016 9)	−0.560 3*** (0.068 2)
gdpr2	0.011*** (0.003)	0.019*** (0.005)	0.010 5*** (0.003 1)	0.001 3 (0.008 1)
gdpr3	0.013*** (0.003)	0.026*** (0.006)	0.011 0*** (0.003 6)	0.003 9 (0.010 1)
total fz		0.532*** (0.195)		2.060 4*** (0.586 0)
$\ln invest$		0.532*** (0.058)		0.523 8*** (0.059 4)
laborratio		0.950 (0.903)		−0.485 2 (1.249 5)
aging		2.503*** (0.935)		2.420 8*** (0.908 7)
截距项	−2.413*** (0.338)	6.732*** (0.917)	−2.417 4*** (0.375 1)	10.446*** (1.722 4)
样本数	121	121	121	121
R^2	0.610	0.821	0.606 6	0.713 9

注:括号内给出标准误;*** 表示 $p < 0.01$,** 表示 $p < 0.05$,* 表示 $p < 0.1$。

表5.9 京津冀城市群的稳健性估计结果(两个半小时通勤圈)

变 量	OLS		GS3SLS	
	total fz	ln *pgdp*	*total fz*	ln *pgdp*
w1y_total fz	0.009 (0.009)	0.056 ** (0.028)	0.011 9 (0.009 7)	0.035 0 (0.032 0)
*w1y_*ln *pgdp*	0.000 (0.000)	0.000 (0.000)	0.000 1 (0.000 1)	0.000 1 (0.000 2)
ln *pgdp*	−0.009 (0.020)		−0.004 76 (0.024 3)	
ln *people*	0.067 *** (0.013)	−0.473 *** (0.064)	0.065 9 *** (0.013 0)	−0.589 0 *** (0.097 3)
gdpr2	0.002 (0.001)	0.016 *** (0.003)	0.001 4 (0.001 2)	0.013 2 *** (0.003 3)
gdpr3	0.002 * (0.001)	0.012 *** (0.003)	0.002 2 * (0.001 3)	0.008 8 ** (0.004 1)
total fz		0.015 (0.274)		1.694 4 (1.076 2)
ln *invest*		0.604 *** (0.049)		0.620 4 *** (0.051 0)
laborratio		0.991 ** (0.499)		0.597 5 (0.662 6)
aging		1.889 ** (0.839)		2.413 6 ** (0.993 0)
截距项	−1.015 *** (0.196)	5.962 *** (0.641)	−1.024 0 *** (0.215 6)	7.835 9 *** (1.388 2)
样本数	140	140	140	140
R^2	0.347	0.805	0.345 6	0.747 8

注:括号内给出标准误;*** 表示 $p<0.01$,** 表示 $p<0.05$,* 表示 $p<0.1$。

根据珠三角城市群稳健性估计结果(见表 5.10),城市群人口净流入的空间自回归系数为 0.042 6,且在 1% 的显著性水平下显著,人均 GDP 的空间自回归系数无法通过 10% 的显著性水平检验;表明珠三角城市群人口净流入呈现出空间溢出效应,但经济增长的空间溢出效应不显著。进一步,经济增长对人口净流入的空间交叉回归系数在 10% 水平下不显著,但本地人均 GDP 对人口净迁入的直接反馈系数在 1% 显著性水平下为 0.157 0,表明珠三角地区人口迁移主要起因于本地的经济增长,即经济增长对人口迁移的空间互动效应不显著;人口净流入与人均 GDP 的空间交叉回归系数在 1% 水平下显著为负(-0.127 8),且本地人口净流入与人均 GDP 的直接反馈系数在 1% 水平下显著(4.417 6),表明邻地的人口净流入增加不利于本地的经济增长,即本地的人口净流入显著促进本地的经济增长,珠三角城市群存在显著的经济增长对人口的虹吸效应。总而言之,珠三角城市群存在人口净流入的空间溢出效应,但经济增长的空间溢出效应不显著,经济增长对人口流入的虹吸效应显著,城市群存在一定的内部竞争,表明前述估计结果是稳健的。

通过对比三大城市群的回馈同时性、空间自回归滞后同时性及空间交叉回归滞后同时性等三大效应的稳健性估计结果(见表 5.11),依旧可得出如下结论:长三角城市群存在显著的人口净流入与经济增长的空间溢出效应,而京津冀城市群与珠三角城市群存在显著的人口净流入空间溢出效应,经济增长的空间溢出效应不显著。整体而言,长三角城市群集聚效应显著的同时也存在一定的竞争,城市群集聚水平较高;京津冀城市群存在显著的经济增长对人口流入的驱逐效应,城市群过度集中之势显现,城市群集聚水平较低;珠三角城市群经济增长对人口流入的虹吸效应显著,城市群内部存在一定的竞争,城市群集聚水平居中。

表 5.10 珠三角城市群的稳健性估计结果(两个半小时通勤圈)

变 量	OLS		GS3SLS	
	$total\,fz$	$\ln pgdp$	$total\,fz$	$\ln pgdp$
$w1y\_total\,fz$	0.046*** (0.010)	0.023 (0.025)	0.042 6*** (0.001 0)	−0.127 8*** (0.045 7)
$w1y\_\ln pgdp$	−0.000 (0.000)	−0.001* (0.001)	−0.000 1 (0.000 3)	−0.000 2 (0.000 8)
$\ln pgdp$	0.123*** (0.039)		0.157 0*** (0.043 0)	
$\ln people$	0.071*** (0.015)	−0.372*** (0.081)	0.069 1*** (0.014 8)	−0.444 9*** (0.097 2)
$gdpr2$	0.006*** (0.002)	0.004 (0.006)	0.005 4** (0.002 1)	−0.013 9* (0.007 5)
$gdpr3$	0.008*** (0.002)	0.007 (0.006)	0.007 5*** (0.002 4)	−0.020 3** (0.009 0)
$total\,fz$		1.186*** (0.307)		4.417 6*** (0.899 0)
$\ln invest$		0.374*** (0.065)		0.241 7*** (0.069 3)
$laborratio$		0.699 (0.936)		−2.074 6 (1.527 7)
$aging$		3.523* (1.959)		5.453 4** (2.451 8)
截距项	−2.904*** (0.368)	9.294*** (1.022)	−3.162 1*** (0.392 7)	15.842*** (1.940 7)
样本数	79	79	79	79
R^2	0.802	0.808	0.799 8	0.432 6

注:括号内给出标准误; *** 表示 $p<0.01$, ** 表示 $p<0.05$, * 表示 $p<0.1$。

表 5.11　三个城市群人口与经济集聚的空间互动效应对比（两个半小时通勤圈）

变　量	长三角		京津冀		珠三角	
	total fz	ln *pgdp*	*total fz*	ln *pgdp*	*total fz*	ln *pgdp*
SAR	0.031 3 ***	0.000 5 *	0.011 9	0.000 1	0.042 6 ***	−0.000 2
	(0.006 7)	(0.000 3)	(0.009 7)	(0.000 2)	(0.001 0)	(0.000 8)
SCR	−0.000 4 ***	−0.017 0	0.000 1	0.035 0	−0.000 1	−0.127 8 ***
	(0.000 1)	(0.022 2)	(0.000 1)	(0.032 0)	(0.000 3)	(0.045 7)
Feedback	0.064 5	2.061 ***	−0.004 76	1.694 4	0.157 0 ***	4.417 6 ***
	(0.044 1)	(0.586 0)	(0.024 3)	(1.076 2)	(0.043 0)	(0.899 0)
Controlled	Yes	Yes	Yes	Yes	Yes	Yes
样本数	121	121	140	140	79	79
R^2	0.606 6	0.713 9	0.345 6	0.747 8	0.799 8	0.432 6

注：括号内给出标准误；*** 表示 $p<0.01$，** 表示 $p<0.05$，* 表示 $p<0.1$。

5.6　本章小结

基于佩鲁的"增长极"理论、赫希曼的"极化-涓滴"理论、弗里德曼的"中心-外围"理论、威廉姆森的"发展阶段"理论以及克鲁格曼的新经济地理学理论；本章认为随着城市群空间结构由单中心向多中心的转变，人口与经济的集聚会呈现出不同的空间效应。具体而言，当城市群的空间结构由单中心模式向多中心模式转变时，人口与经济集聚的空间溢出效应显著；进一步，在城市群的多中心模式向网络化深化的过程中，人口与经济集聚的空间溢出效应显著的同时，人口与经济集聚的交叉互动效应也显著为正。

为了对上述假说进行检验，本章选取中国最具典型且发展最为成熟的长三角城市群、京津冀城市群及珠三角城市群等三大城市群作为研究对象，考察了不同城市体系特点下，不同集聚分散程度的城市群空间结构背景下，人口与经济集聚的空间效应。利用 2015 年三大城市群的横截面数据，本章建立了空间联立方程模型，实证分析认为：

第一，长三角城市群存在显著的人口净流入与经济增长的空间溢出效应，但城市群内也存在一定的经济增长对人口的虹吸效应，长三角城市群集聚效应显著的同时也存在一定的竞争。整体而言，长三角城市群处于多中心发展模式，集聚水平较高。

第二，京津冀城市群人口净流入呈现出空间溢出效应，但经济增长的空间溢出效应不显著。同时，城市群存在显著的经济增长对人口流入的驱逐效应，城市群过度集中之势显现。整体而言，京津冀城市群处于单中心向多中心的过渡阶段，集聚水平较低。

第三，珠三角城市群存在人口净流入的空间溢出效应，但经济增长的空间溢出效应不显著，经济增长对人口流入的虹吸效应显著，城市群存在一定的竞争。整体而言，珠三角城市群处于单中心向多中心的过渡阶段，集聚水平较低；但珠三角城市群体现了城市间的竞争关系，相较于京津冀城市群的拥挤效应，珠三角城市群的成熟度较高。

基于三大城市群的实证分析，一方面，本章认为城市群空间结构由单中心向多中心转变时，人口与经济的集聚的确会呈现出不同的空间效应，这在一定程度上弥补了城市群不同发展阶段内部人口与经济集聚效应、空间联系的研究空白，为相关理论发展提供了实证支撑；另一方面，在学术圈普遍对长三角城市群与珠三角城市群的发育孰优孰劣存在分歧的背景下，本章认为长三角城市群的成熟度优于珠三角城市群，珠三角城市群的成熟度又优于京津冀城市群，并给予了人口与经济集聚空间互动关系角度的实证支持。

值得注意的是,本章仅仅采用了中国沿海三大城市群作为研究样本,可能存在样本选择问题,进而导致研究结果产生一定的偏误,因此相关理论的提炼尚需来自中国其他城市群及世界其他城市群的检验。

第6章 长三角城市群的城市网络发展特征

6.1 引言

随着信息化和全球化的加速发展,城市的发展已经跨越了地理界线,城市之间具有人流、物流、信息流等不同形式的空间互动,这些要素流动将各个城市及其设施紧密地联系在一起,多元化的城市网络格局逐渐显现(Entwisle et al.,2007;Hu et al.,2020)。一般认为,城市网络是在不同空间尺度下相互关联的城市间功能联系(Camagni and Capello,2004),卡马格尼将城市网络定义为一个水平的、非等级的系统,由互补/垂直整合或协同/合作的专业化中心(城市)构成(Camagni et al.,1994)。学界发展出了以世界城市理论、流空间理论、中心流理论与"网络基地"理论为代表的一系列理论,本质上这些理论概念的提出是对经典的中心地理论和城市等级理论的挑战(Castells,1989;Taylor et al.,2010)。

近年来,城市网络研究在全世界范围内迅速展开,为了使城市网络具象化,学者们多使用"流"指标来指征城市间联系,形成了基础设施途径(Derudder and Witlox，2005；Neal，2013)、企业组织途径(Wall and van der Knaap，2011)与社会文化途径(Taylor，2005)等不同的城市网络建构维度。基于大数据和可视化手段的发展,迁移、出行、投资、消费、技术、信息、疾病等诸多维度的要素流动所呈现的城市网络得以被识别(Choi et al.，2006；Guimera et al.，2005),这有助于进一步掌握城市网络的本质特征。同时,复杂网络分析和社会网络分析等方法被普遍应用于城市网络研究。如复杂网络分析方法主要关注网络的拓扑结构,但通常不考虑网络中节点的属性和关系类型,只关注节点之间的连接方式(Davis et al.，2013；Taylor et al.，2002)。而社会网络分析方法不仅考虑节点之间的连接方式,还关注节点的属性,以及节点之间的关系类型,但其应用对象要求具备关系的传导性(Butts，2009；Symeonidis and Tiakas，2014；Winship et al.，1996)。

事实上,城市网络的微观基础在于城市间的个体关系,而不同维度的要素流动所具备的微观基础存在差异,其所具备的关系传导性也因此不同。人口迁移流是城市间物质、信息、技术、资本等各种要素流的重要载体,在微观人口迁移网络与宏观人口迁移流的相互作用过程中,个体关系在区域间得以传导,进而带动了各类要素的流动。法焦罗和马斯特罗蒂洛利用联合国全球移民数据库 266 个国家之间的双边移民数据,比较分析 1960 年至 2000 年间世界范围内人口迁移网络和双边贸易网络的拓扑结构,研究发现国际移民能够明显促进双边贸易,而且处于人口迁移网络中心的两个国家间的双边贸易会更加频繁(Fagiolo and Mastrorillo，2014)。加拉斯等人使用重力方程探讨人口迁移与经合组织国家外国直接投资之间的关系,基于面板数据分析发现移民网络和外国直接投资网络之间存在显著的正相关性,位于移民网络核心位置的两个国家间存在着更为积极的外国直接投资关系(Garas et al.，2017)。

国内学界对城市网络及其影响因素也展开了丰富的研究,但主要将人口迁移作为一种反映城市网络的要素流进行分析，少有针对人口迁移对区域城市网络的影响进行探究。有研究发现地形地貌格局形塑了城市间交通基础设施联系网络（Zhang et al.，2019）；出行网络则与行政边界、行政级别、城市规模、人口规模和城市间距离密切相关（Zhang et al.，2016；Zhang et al.，2019）；商业网络受到城市间距离和文化接近性的影响较小（Zhang et al.，2019）；科技合作网络、经济网络中的城际关系更多地受到地理位置临近的影响（Lao et al.，2016；Ma et al.，2014）。此外，戴亮等人研究发现即使是属于同一类型的城市网络，构成网络的要素不同，其影响因素也存在差异。例如，铁路网络、航空网络均属于交通网络，但与铁路网相比，航空运输网络受到距离衰减的影响要更小（Dai et al.，2016）。从网络间的相关关系来看，劳昕等人运用二次指派程序研究发现中国交通网络和经济网络存在显著的相关关系（Lao et al.，2016）。关明明等人通过分析创新网络与航空网络之间的关系，发现这两者并非完全相互依存，这表明城市网络中的虚拟网络与实体网络之间的耦合关系也受到其他因素的影响（Guan et al.，2022）。胡晓情等人通过微博社交媒体数据构建了一个代表信息流和人口出行的双层多元城市网络，并且通过分析发现信息网络和人口出行网络之间存在强烈的互动关系（Hu et al.，2020）。

对长三角城市网络特征与形成机制的研究主要从四个维度展开：第一类研究集中于航班、铁路班次、港口吞吐量、公路流量、物流网络等基础设施的实体网络研究，这部分研究不仅关注核心城市（如上海、南京、杭州、宁波）之间的现有实体网络的密度与中心度，还进一步分析了区域网络的未来趋势与格局，研究者们普遍认为长三角地区的实体网络呈现出了较为明显的"核心-边缘"格局，但网络中心有缓慢下降的趋势（Chen et al.，2021；文超等，2021；Ye et al.，2019）；第二类研究是基于手机信令、邮件、微博等信息联系途径的网络研究,这部分研究的结论进一步证实了经济因素、城市等级在城市网络格局塑造中的重要作用(唐锦玥等,2020;甄峰等,2012);第三类研究主要从城市创新合作的角度展开,揭示城市间创新企业流具有明显的行政中心指向特征与省级边界效应,长三角城市群作为创新网络联系的核心枢纽,在不同空间尺度创新网络中的连接能力与辐射能力是影响其创新的关键因素(黄晓东等,2021;马双、曾刚,2019;周灿等,2017);第四类则是关于长三角城市间企业合作网络的研究,"核心-边缘"格局再次被提及,城市企业合作网络呈现出层级特征愈发明显、水平联系不断增强、联系方向更加多样化、服务功能联系差距缩小等特征(李仙德,2014;刘承良、管明明,2018;刘可文等,2017)。

本章将利用网络特征分析方法,采用第七次全国人口普查数据、联通手机信令大数据、银联消费数据等多源数据,从迁移、消费和出行三个层面分析长三角地区城市网络特征。

6.2　网络特征分析方法

本节将主要采用社会网络分析方法研究长三角城市群城市人口迁移网络、消费网络、人口出行网络等城市网络的特征,以及上海市在长三角城市群城市网络中的节点作用。

6.2.1　中心性分析

采用程度中心度、接近中心度和中介中心度三个指标来衡量城市在人口流动网络中的中心性。程度中心度是衡量各城市节点在城市网络中心地位的指标，主要分为外向程度中心度和内向程度中心度，计算公式分别为：

$$C'_{od}(i) = \sum_{j=1}^{n} X_{ij} \Big/ (n-1)$$

$$C'_{id}(i) = \sum_{i=1}^{n} X_{ji} \Big/ (n-1)$$

其式中，$C'_{od}(i)$、$C'_{id}(i)$ 分别为外向程度中心度、内向程度中心度；X_{ij}、X_{ji} 分别表示城市 i 对城市 j、城市 j 对城市 i 是否有直接联系，若无直接联系，则其值为 0，反之为 1；n 表示城市网络中城市节点的数量。

　　接近中心度值越大，说明该城市对其他城市产生联系的最短路径距离越短，经济联系能力越强。接近中心度也分为外向接近中心度和内向接近中心度，计算公式分别为：

$$C'_{oc}(i) = (n-1) \Big/ \sum_{j=1}^{n} d(i,j)$$

$$C'_{ic}(i) = (n-1) \Big/ \sum_{i=1}^{n} d(j,i)$$

其式中，$C'_{oc}(i)$、$C'_{ic}(i)$ 分别为外向接近中心度、内向接近中心度，$d(i,j)$、$d(j,i)$ 分别表示城市 i 对城市 j、城市 j 对城市 i 产生联系的最短路径距离。

　　中介中心度表示人口迁移网络中某城市作为联系节点使其他两个城市进行交往的能力，其计算公式为：

$$C'_{b}(i) = \frac{\sum_{j<k} g_{jk}(i) \Big/ g_{jk}}{(n-1)(n-2)}$$

其式中，$C'_{b}(i)$ 为中介中心度，g_{jk} 为城市 j 对城市 k 产生联系的最短路径总数，$g_{jk}(i)$ 是指城市 j 对城市 k 产生联系的最短路径经过城市 i 的数量。

6.2.2　网络密度分析

网络密度是整体反映城市网络中城市之间联系疏密程度的指标,网络密度越大,说明城市网络中城市之间的联系越紧密。其计算公式为:

$$D=m/[n\times(n-1)]$$

其式中,D 为网络密度,m 为城市网络中城市之间的实际联系数。

6.2.3　关联性分析

关联性反映的是网络结构的稳健性和脆弱性。若网络中任意两城市间都至少存在一条路径,则表明该网络具有较好的关联性,网络是稳健的;反之,网络是不稳健的。本章主要采用网络关联度、网络等级度和网络效率三个网络关联性的指标测度长三角人口迁移网络结构的关联性。

网络关联度测量的是网络中城市间的可达性。网络关联度越高,表明网络的信息越分散,越不易受到个别城市的影响。其计算公式为:

$$C=1-\frac{V}{N(N-1)/2}$$

其式中,C 为网络关联度,V 为网络中不可达的城市对数,N 为网络中城市个数。

网络等级度衡量的是网络中城市相互之间在多大程度上非对称可达,反映城市等级结构在网络中的支配地位。其计算公式为:

$$H=1-K/\max(K)$$

其式中,H 为网络等级度,K 为网络中对称可达的城市对数,$\max(K)$ 为网络中最大可能的对称可达的城市对数。

网络效率越低,则城市之间产生联系的路径越多,网络结构越稳定。其计算公式为:

$$E=1-V/\max(V)$$

其式中,E 为网络效率,V 为城市网络中多余的联系数,即城市网络中实际联系数减去理论上城市网络中包含的最小联系数,$\max(V)$ 为理论上城市网络中最大可能的多余的联系数,即理论上城市网络中包含的最大联系数减去其最小联系数。

6.3　长三角人口迁移网络特征

基于长三角地级市之间人口迁移数据构建人口迁移网络矩阵[①],考虑到大多数城市之间均存在人口迁移,但部分城市之间的人口迁移规模较小,故以矩阵中所有元素的均值作为阈值构造 0-1 矩阵,该矩阵反映的是长三角城市之间存在明显人口迁移的人口迁移网络矩阵[②]。进一步运用 UCINET 软件绘制出长三角人口迁移网络图(见图 6.1),并计算长三角人口迁移网络的网络密度、网络关联度、网络等级度和网络效率指标。

由图 6.1 可知,长三角各省市的城市在人口迁移网络中已连成一片,呈现出一体化特征,但各城市之间的人口迁移联系紧密程度不高,长三角人口

---

① 人口流动网络基于 2015 年人口抽样调查数据与第七次全国人口普查数据构建。
② 后文中对消费网络、人口出行网络均采用以矩阵中所有元素的均值作为阈值构造 0-1 矩阵。

迁移网络的网络结构的稳定性不高。长三角人口迁移网络内共有 327 条联系,网络密度只有 0.199,表明城市之间更频繁的人口迁移联系仍有较大的提升空间。长三角人口迁移网络的网络关联度为 0.567,该值较低,表明人口迁移网络的联通效果较弱;网络等级度为 0.939,表明迁移网络中存在较多单向的人口迁移路径,城市之间的人口双向迁移较少;网络效率为 0.696,表明迁移网络中人口迁移的路径较少。

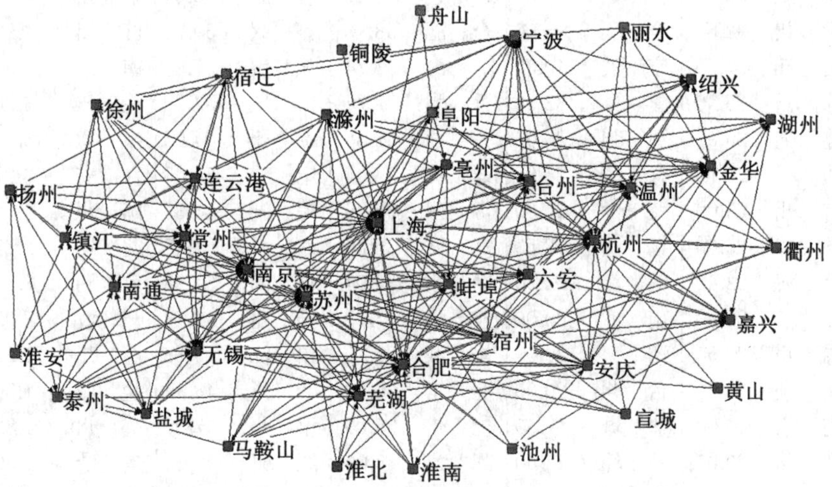

图 6.1　长三角人口迁移网络分布图

进一步计算长三角人口迁移网络中各节点城市的内向程度中心度、外向程度中心度、内向接近中心度、外向接近中心度和中介中心度,如表 6.1 所示。通过分析可以发现长三角人口迁移网络中的外向型城市和内向型城市区别明显,外向型城市集中在苏北地区和安徽省部分城市,内向型城市主要包括上海和苏南、浙北等地区的部分城市。上海的内向程度中心度、内向接近中心度、中介中心度在长三角各城市中均位列第一名,表明上海在长三角人口迁移网络中具有重要节点功能,辐射了较多城市,承担了较多城市之间人口迁移的媒介功能。

表 6.1　长三角人口迁移网络城市中心度指标(前 20 名)

城市	外向程度中心度(%)	城市	内向程度中心度(%)	城市	外向接近中心度(%)	城市	内向接近中心度(%)	城市	中介中心度(%)
阜　阳	42.50	上　海	100.00	宿　州	47.06	上　海	100.00	上　海	24.58
宿　州	42.50	苏　州	75.00	亳　州	41.24	苏　州	80.00	杭　州	10.35
亳　州	40.00	南　京	60.00	阜　阳	40.82	南　京	71.43	合　肥	7.89
安　庆	37.50	杭　州	52.50	安　庆	39.60	杭　州	67.80	泰　州	6.85
六　安	35.00	无　锡	47.50	六　安	38.83	常　州	65.57	阜　阳	6.43
合　肥	32.50	常　州	47.50	宿　迁	38.46	合　肥	60.61	常　州	5.19
滁　州	32.50	合　肥	45.00	合　肥	38.10	嘉　兴	59.70	苏　州	4.96
宿　迁	27.50	宁　波	40.00	上　海	37.74	无　锡	57.97	南　京	4.36
徐　州	25.00	嘉　兴	32.50	滁　州	37.74	盐　城	54.79	徐　州	3.86
连云港	25.00	温　州	25.00	芜　湖	37.38	泰　州	54.05	南　通	3.72
盐　城	25.00	金　华	25.00	蚌　埠	37.04	宁　波	54.05	六　安	3.37
杭　州	25.00	芜　湖	25.00	常　州	36.36	芜　湖	53.33	湖　州	3.36
蚌　埠	25.00	扬　州	22.50	宣　城	36.36	六　安	51.95	宿　迁	2.71
上　海	22.50	镇　江	22.50	徐　州	36.04	阜　阳	51.28	芜　湖	2.53
淮　安	22.50	南　通	20.00	连云港	35.71	扬　州	49.38	宁　波	2.08
温　州	22.50	绍　兴	20.00	盐　城	35.40	镇　江	49.38	温　州	1.94
芜　湖	22.50	台　州	20.00	池　州	35.40	台　州	48.19	盐　城	1.86
南　京	20.00	盐　城	17.50	杭　州	35.09	温　州	47.06	亳　州	1.82
常　州	20.00	蚌　埠	17.50	衢　州	35.09	绍　兴	47.06	连云港	1.50
南　通	20.00	泰　州	15.00	淮　南	35.09	金　华	47.06	安　庆	1.22

　　具体来看,宿州、阜阳、亳州、安庆、六安、合肥、滁州的外向程度中心度和外向接近中心度值较高,表明这些城市的流动人口的流出地比较分散,较多地级市对其具有吸引力。舟山、铜陵、绍兴、金华、镇江等城市的外向程度中心度值和外向接近中心度值较低,表明这些城市的迁移人口的流出地相对比较单一。上海、苏州、南京、杭州、常州、无锡、合肥等城市对其他城市的流动人口吸引力较大,其内向程度中心度值较大,而铜陵、黄山、池州、宣城、宿州等城市的内向程度中心度值较低,这些城市对其他城市的流动人口的吸引力较小。上海、杭州、合肥、泰州、阜阳等城市的中介中心度值较高,表

明这些城市是长三角人口迁移网络中的"媒介城市",这些城市起到了较多城市之间人口迁移的媒介与桥梁作用。舟山、铜陵、淮北、黄山、池州、宣城、宿州与其他城市不存在双向人口迁移联系,其中介中心度为 0,不承担其他城市之间人口迁移的媒介与桥梁作用。

6.4　长三角消费网络特征

进一步运用 UCINET 软件绘制长三角消费网络图(见图 6.2)并计算消费网络的相关社会网络分析方法指标。

由图 6.2 可知,长三角消费网络存在明显的不均衡特征,上海、江苏、浙江的消费网络已经融为一体,而安徽的消费网络则主要是其省会城市合肥

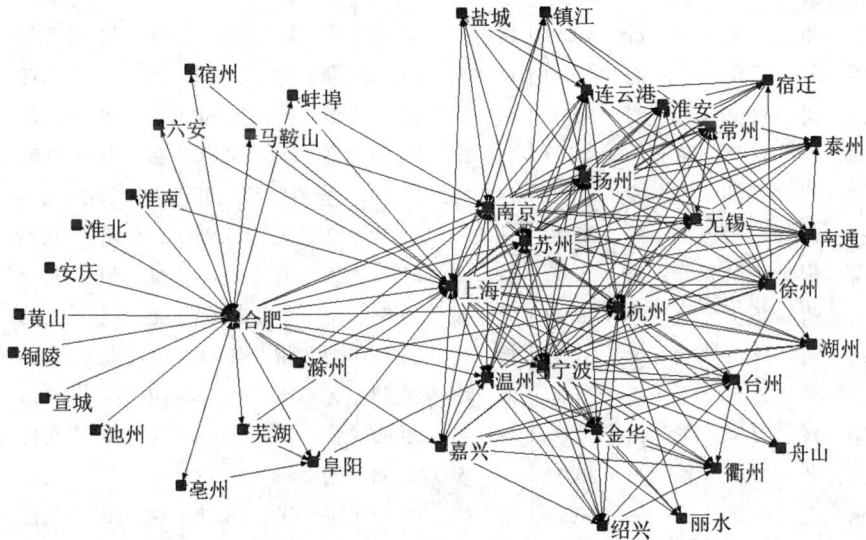

图 6.2　长三角消费网络分布图

与其他城市之间的消费联系，安徽与其他省市之间的消费联系仍需要借助合肥等作为中介桥梁。这表明，长三角消费网络密度相对较低，消费网络的发展空间仍然较大。

进一步计算长三角消费网络中各城市的内向程度中心度、外向程度中心度、内向接近中心度、外向接近中心度和中介中心度（见表 6.2）。通过分析可以发现中心度值较大、排名较靠前的城市主要集中在 16 个长三角核心

表 6.2　长三角消费网络城市中心度指标（前 20 名）

城市	外向程度中心度(%)	城市	内向程度中心度(%)	城市	外向接近中心度(%)	城市	内向接近中心度(%)	城市	中介中心度(%)
上　海	67.50	上　海	75.00	上　海	75.47	上　海	71.43	合　肥	37.31
合　肥	57.50	杭　州	55.00	合　肥	70.18	杭　州	62.50	上　海	22.67
南　京	52.50	南　京	50.00	南　京	67.80	南　京	60.61	宁　波	9.04
苏　州	52.50	苏　州	50.00	苏　州	67.80	苏　州	60.61	杭　州	8.99
宁　波	52.50	扬　州	47.50	宁　波	67.80	扬　州	59.70	南　京	7.53
杭　州	42.50	宁　波	47.50	杭　州	63.49	宁　波	59.70	苏　州	7.37
温　州	35.00	合　肥	42.50	阜　阳	51.95	合　肥	57.97	温　州	1.70
无　锡	32.50	温　州	35.00	温　州	51.28	温　州	55.56	扬　州	1.20
徐　州	32.50	连云港	32.50	芜　湖	51.28	嘉　兴	54.05	嘉　兴	0.51
常　州	27.50	淮　安	32.50	蚌　埠	51.28	连云港	51.95	金　华	0.41
扬　州	25.00	嘉　兴	30.00	马鞍山	51.28	淮　安	51.95	台　州	0.35
金　华	25.00	南　通	25.00	滁　州	51.28	南　通	50.00	阜　阳	0.34
台　州	25.00	金　华	25.00	无　锡	50.63	金　华	50.00	无　锡	0.23
南　通	22.50	台　州	22.50	徐　州	50.63	台　州	49.38	连云港	0.19
嘉　兴	22.50	无　锡	20.00	淮　南	50.63	无　锡	48.78	南　通	0.16
绍　兴	22.50	常　州	20.00	宿　州	50.63	常　州	48.78	常　州	0.15
连云港	20.00	衢　州	20.00	六　安	50.63	衢　州	48.78	淮　安	0.13
宿　迁	20.00	泰　州	17.50	常　州	49.38	滁　州	48.78	徐　州	0.12
淮　安	17.50	湖　州	17.50	扬　州	48.78	湖　州	48.19	泰　州	0.02
盐　城	15.00	绍　兴	17.50	金　华	48.78	绍　兴	48.19	绍　兴	0.02

区域城市①，上海的内向程度中心度、外向程度中心度、内向接近中心度、外向接近中心度的排名均位列第一，中介中心度值位列第二，表明上海在长三角消费网络中起到至关重要的作用。上海不仅吸引了大量的长三角其他城市人口前来消费，同时也输出了许多消费流向长三角其他城市，并且由此使得较多其他城市进行了间接联系。南京、宁波、苏州、杭州、合肥等城市的各项中心度值排名也相对较为靠前，它们在长三角消费网络中也具有重要作用。铜陵、安庆、宣城、黄山、淮北、六安等城市的各项中心度排名较为落后，表明它们在长三角消费网络中较少有其他城市的消费流入，其自身也较少有消费流出。

6.5　长三角出行网络特征

运用 UCINET 软件绘制长三角人口出行网络图（见图 6.3），并计算出行网络的相关社会网络分析方法指标。结合图 6.3 和表 6.3 可以发现，长三角人口出行网络分布比较稀疏，网络内联系数较少，网络密度较低，密集区域主要集中在长三角核心 16 市以及合肥，长三角外围区域的出行联系主要是通过间接联系方式。黄山游离于整个出行网络之外，表明黄山与其他城市之间的出行往来低于整个网络的平均值。但长三角人口出行网络的关联度为 0.951，网络连通性相对较好，这表明长三角人口出行网络主要为双向出行路径，尽管网络分布比较稀疏，但是较难由于个别城市出现问题而影响到

① 16 个长三角核心区域城市为：(1)1992 年长三角城市协作部门主任联席会议制度涵盖的 14 个城市，包括上海、无锡、宁波、舟山、苏州、扬州、杭州、绍兴、南京、南通、常州、湖州、嘉兴、镇江；(2) 1996 年从扬州市划分出的泰州市、2003 年被接纳为正式成员的台州市。

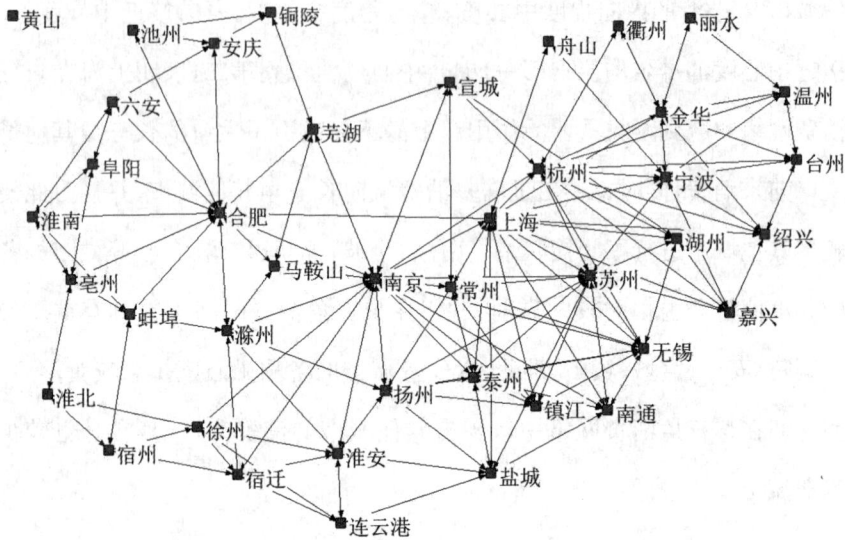

图 6.3 长三角出行网络分布图

整个出行网络。长三角出行网络的等级度为 0.848,低于人口迁移网络的等级度,这也表明相比人口迁移网络,人口出行网络存在更多的双向路径。人口出行网络的网络效率为 0.833,表明网络中冗余的路径相对较少。

进一步计算长三角出行网络中各节点城市的内向程度中心度、外向程度中心度、内向接近中心度、外向接近中心度和中介中心度,如表 6.3 所示。通过分析可以发现上海的内向程度中心度、外向程度中心度、内向接近中心度、外向接近中心度在各长三角城市中均位列第二,中介中心度位列第三,表明上海在长三角出行网络中具有重要的节点功能。江苏省内地级市的中心度指标值均相对较高,表明城市的辐射力、吸引力和中介力较强,而安徽、浙江的各城市的辐射力、吸引力和中介力的提升空间相对较大。具体来看,南京、上海、合肥、杭州、苏州的外向程度中心度、内向程度中心度、外向接近中心度、中介中心度值均位列前五,表明这些城市的辐射力、吸引力、中介力较强。这些城市主要是各省的省会城市,它们对于长三角出行网络的影响较大,提升这些城市的龙头带动作用以及桥梁纽带作用有助于优化整个出行网络。此外,舟山、丽水、衢州、黄山等城市的外向程度中心度、内向程度中心度和外向接近中心度值排名较为靠后,这些城市的辐射力和吸引力较弱,应当大力推进这些城市与其他城市间的互联互通。淮北、丽水、舟山等的中介中心度值排名比较靠后,表明这些城市较少承担城市之间人口出行的媒介与桥梁作用。

综上,将长三角城市网络社会网络分析指标整理在一起(见表 6.4),并对比长三角城市群人口迁移网络、消费网络、出行网络三种城市网络来看,可以

表 6.3　长三角出行网络城市中心度指标(前 20 名)

城市	外向程度中心度(%)	城市	内向程度中心度(%)	城市	外向接近中心度(%)	城市	内向接近中心度(%)	城市	中介中心度(%)
南　京	42.50	南　京	42.50	南　京	57.97	南　京	57.14	合　肥	31.00
上　海	37.50	上　海	40.00	上　海	54.79	上　海	56.34	南　京	29.17
苏　州	32.50	苏　州	32.50	合　肥	50.63	合　肥	51.95	上　海	25.48
合　肥	32.50	杭　州	32.50	苏　州	48.19	苏　州	47.62	杭　州	15.23
杭　州	30.00	合　肥	32.50	杭　州	47.62	杭　州	47.62	金　华	4.32
无　锡	25.00	无　锡	25.00	无　锡	45.98	无　锡	45.45	苏　州	4.29
泰　州	22.50	泰　州	22.50	滁　州	43.96	滁　州	44.44	徐　州	3.96
宁　波	22.50	宁　波	22.50	泰　州	43.48	泰　州	43.96	宁　波	3.17
扬　州	20.00	扬　州	20.00	宣　城	43.01	常　州	42.55	滁　州	2.99
金　华	20.00	常　州	17.50	扬　州	42.55	南　通	42.55	盐　城	2.60
常　州	17.50	淮　安	17.50	芜　湖	42.55	镇　江	42.55	宿　迁	2.59
淮　安	17.50	盐　城	17.50	常　州	42.11	芜　湖	42.55	亳　州	2.45
盐　城	17.50	镇　江	17.50	南　通	42.11	扬　州	42.11	蚌　埠	1.94
镇　江	17.50	金　华	17.50	镇　江	42.11	宁　波	42.11	芜　湖	1.70
徐　州	15.00	滁　州	17.50	徐　州	41.67	盐　城	41.67	淮　安	1.65
南　通	15.00	南　通	15.00	淮　安	41.67	马鞍山	41.67	宿　州	1.48
宿　迁	15.00	嘉　兴	15.00	宁　波	41.67	淮　安	41.24	温　州	1.46
嘉　兴	15.00	湖　州	15.00	马鞍山	41.67	徐　州	40.82	无　锡	1.24
湖　州	15.00	绍　兴	15.00	盐　城	41.24	宿　迁	40.82	扬　州	1.06
绍　兴	15.00	徐　州	12.50	宿　迁	41.24	湖　州	40.82	宣　城	0.89

发现长三角人口迁移网络与消费网络的疏密程度较为相似，但人口迁移网络的分布相对更均衡，消费网络的不均衡特征较为明显；出行网络虽然是三种网络中分布最稀疏的网络，但其双向路径较多，故连通性水平高于人口迁移网络、消费网络。消费网络的关联度、等级度、网络效率值均介于人口迁移网络和出行网络之间，表明消费网络的稳定性水平、联通性水平等均介于这两种网络之间。

表 6.4　长三角城市网络社会网络分析指标

网络类型	联系数	网络密度	网络关联度	网络等级度	网络效率
人口迁移网络	327	0.199	0.567	0.939	0.696
消费网络	319	0.195	0.857	0.851	0.799
出行网络	256	0.156	0.951	0.848	0.833

此外，虽然长三角人口迁移网络、消费网络与出行网络的疏密程度有明显差异，但是这三种网络中节点城市的中心性特征相对较为一致。安庆、黄山、铜陵等城市则在这三种网络中均位于相对边缘的位置，与其他城市的交流联系相对较少；而上海与南京、苏州、合肥、杭州、常州、泰州、南通等城市在长三角人口迁移网络、出行网络、消费网络中均位于相对比较中心的位置，其辐射力、吸引力均较强，其中上海多项指标位列第一，显示上海在长三角空间网络中承担的重要节点功能。下面将以上海为重点进一步分析上海人口迁移的特征，探讨上海的人口迁移对上海及长三角城市消费及出行联系的影响。

6.6　本章小结

本章围绕长三角城市群的人口迁移网络、消费网络和出行网络三大网络结构,运用社会网络分析方法,从网络密度、关联度、等级度、网络效率及各节点城市的中心性特征展开系统分析。

研究发现,长三角地区的人口迁移网络已初步形成一体化特征,但整体网络密度和联通性尚显不足,网络等级度较高,表明城市间人口迁移更多呈现出单向流动的特征,网络稳定性相对较低。进一步分析发现,长三角城市群的人口迁移网络具有显著的区域特征,以上海为中心的苏南、浙北城市表现出强大的内向吸引力,而苏北、安徽部分城市则更多表现出人口外迁的特征。上海在该网络中的枢纽地位突出,辐射作用明显。

在消费网络方面,长三角地区内部呈现出明显的不均衡特征,上海、江苏和浙江的消费联系较为紧密,而安徽则相对孤立,主要依托合肥与外界联通。消费网络的整体密度较低,但上海在网络中各项中心度指标均位列前茅,凸显其在长三角地区消费网络中的核心地位。

出行网络分析表明,尽管网络整体密度最低,但网络的关联度最高,说明出行网络中双向互动联系较多,网络稳健性较好。然而,该网络主要集中于长三角核心城市,外围城市联系较为薄弱。上海、南京、合肥、杭州和苏州等城市发挥了核心辐射和中介桥梁的作用。

综合三种网络特征可知,长三角城市网络的空间格局与发展特征虽然存在差异,但网络节点城市的中心性表现相对稳定。上海无论在人口迁移、消费,还是出行网络中均发挥着不可替代的核心作用。未来长三角城市群应进一步提升网络内部的联通性和均衡性,尤其需加强边缘城市与核心城市的互动,充分发挥上海等核心城市的带动作用,以促进区域整体协同发展。

第7章　长三角人口迁移对城市网络的影响

7.1　引言

在城市网络研究中,区分城市网络与普通矩阵至关重要,因为所有地理网络都可以表示为矩阵,但并非所有可以采用矩阵形式表达的数据都是网络。城市网络或空间网络需具备三个核心属性:第一,节点(node),其节点所代表的地点具有特定社会意义,且矩阵的行和列必须代表能够通过特定交互产生关联的地点;第二,边(edge),矩阵元素所体现的交互关系应具备超越二元组的意义,这种交互会对整体网络产生实质性影响,而非仅局限于两个直接交互的节点之间的简单联系;第三,权重(weight),矩阵元素的值应体现所关注的特定交互的有效操作,能够切实衡量现实世界中的相关地理现象(Neal et al.,2023)。

若以此标准检视人口迁移流是否属于城市网络、是否合适进行网络分析,可知:迁出地及迁入地两节点均有社会实质意义,且迁移行为不仅影响两地,对第三地乃至整个网络都可能产生影响,而人口迁移规模等量化值确能反映地区间的交互程度。此外,网络的基本属性是联系传递性,不同节点之间通过联系传递形成间接联系,使得信息、资源和影响产生多层链接传播(Wasserman and Faust,1994)。而社会网络理论强调人的社会关系具有传递性,人口迁移不仅是人的迁移,还反映为社会关系的空间拓展和传递。因此,可以将人口迁移流视为一种基础性的城市网络,它不仅能够促进多个节点间的人口再迁移,还能引发投资、消费等更为广泛的城市间联系。

中国活跃的地区间人口迁移已形成密集的空间矩阵,已有研究多将其视为"人口迁移空间网络",利用网络分析方法探讨人口迁移流的空间格局(蒋小荣、汪胜兰,2017;盛广耀,2018;古恒宇、沈体雁,2021;温锋华等,2022;Wu and Liu,2022;柏桐等,2024)。然而,已有研究主要基于"O-D"二元框架,探讨"流出地"和"流入地"之间前期流动人口社会关系传递,对后续人口迁移的影响(Bilecen and Lubbers,2021;Epstein,2008;Massey et al.,1994;刘涛等,2020),但并未揭示社会网络对多地区间人口迁移流传递与扩散的作用机理。

长三角地区以上海为中心,覆盖江苏、浙江、安徽三省,是中国人口迁移流动最为活跃、城市间联系最为紧密的区域之一。2010年,长三角地区迁入人口增长至3788万,取代珠三角成为流入人口最多的地区,之后持续增长,第七次全国人口普查数据显示,长三角地区的跨省流入人口占全国总量的30.86%。其中,浙江和上海对区域外的流动人口吸引力相对江苏和安徽较强,河南、湖北、湖南等中西部省份的流动人口是长三角人口迁入的主力军。与此同时,长三角内部的人口迁移也逐渐频繁,2005年以来,长三角地区逐步形成了"大扩散,小聚集"的人口空间格局,核心城市人口吸引力较强,同时扩散效应也逐渐显现,人口迁移格局逐渐向多中心网络演变。持续的外部人口流入和内部人口迁移形成高度复杂的个体迁移网络,支撑了城市间联系的发展,这使得长三角地区成为研究人口迁移与城市网络关系的代表性区域,但已有研究仍忽略了人口迁移及其网络在长三角城市网络形成中的作用。

本章将采用具有一般空间结构属性的"三元"分析框架:社会网络分析方法中,"三元组"是分析复杂有向网络节点间关系的最小单元,任意四个及以上节点之间的空间关系均可以拆分为不同组别的三个节点关系,通过研究三个节点的关系,可以降维分析复杂网络的基本特征,揭示网络的局部结构和全局模式(Wasserman and Faust,1994;Newman,2010)。借鉴"三元组"分析思路,可将第三个地区引入至"O-D"模型中,反映"迁移联系"在空间上的传递与扩散。本章使用第七次全国人口普查数据和 2015 年全国 1‰人口抽样调查数据分析上海和浙江人口迁移的基本特征,最后再基于人口迁移对城市网络影响机制的"三元"理论框架,检验上海人口迁移对不同类型城市联系网络的影响。

7.2 长三角人口迁移的特征——以上海和浙江为例

7.2.1 上海流动人口的人口学特征

上海的内向程度中心度、内向接近中心度、中介中心度在长三角各城市中均位列第一,反之外向程度中心度及外向接近中心度较低,其人口迁移模式以人口流入为主,以下将分别探究流入人口的人口学特征及空间分布格局。

长三角地区流入上海的人口是上海总流入人口的重要组成部分,占上海总流入人口的 45.23%。由表 7.1 可知,上海对长三角地区的辐射力较强,2020 年上海总流入人口为 1 047.97 万人,其中长三角地区流入上海的人口

规模为 474.04 万人。近五年来,长三角地区流入上海的人口规模提高了
1.83万人。上海对安徽的辐射力最强,但辐射力强度呈下降趋势。2020 年,
安徽流入上海的人口规模为 242.65 万人,占长三角流入上海总人口的
51.29%;相比 2015 年,该规模降低了 28.32 万人,占比下降了 6.2 个百分点。
上海对江苏和浙江的辐射力在提高,江苏、浙江近五年来流入上海的人口规
模及占比呈现增长趋势,江苏的增幅更加明显。2020 年江苏流入上海的人
口相比 2015 年增加了 27.62 万人,增长了 18.14%。

表 7.1　长三角及其他地区流入上海人口的户籍地分布

来源地	2015 年		2020 年	
	规模(万人)	占比(%)	规模(万人)	占比(%)
安徽	270.97	27.82	242.65	23.15
江苏	152.21	15.63	179.83	17.16
浙江	49.03	5.03	51.56	4.92
长三角以外其他地区	501.69	51.51	573.93	54.77
合计	973.90	100.00	1 047.97	100.00

　　长三角及其他地区流入上海的人口性别结构均呈现不均衡特征,但近
五年来有明显改善。由表 7.2 可知,2015 年,长三角地区流入上海的人口
中,女性为 209.27 万人,男性为 262.94 万人,性别比高达 125.64。2020 年,
长三角地区流入上海的人口中女性有 212.96 万人,男性有 261.08 万人,性
别比为 122.6。来自长三角地区的流入人口性别结构的不均衡与这些人的
迁移原因以及从事的行业有密切关系。在长三角地区流入上海的人口中,
70%以上的人迁移目的是工作就业,以家庭为单位进行的迁移决策倾向于
选择男性外出挣钱养家。长三角地区流入上海的人口中 20%以上的人从事
工业、建筑业等行业的工作,而这些行业普遍对于男性员工的需求较大。
2015—2020 年性别结构得以改善与男女平等观念的普及以及第三产业吸纳
的外来就业人口增多有关。

表 7.2 长三角及其他地区流入上海人口的性别分布

	长三角地区				长三角以外其他地区			
	2015 年		2020 年		2015 年		2020 年	
	规模 （万人）	占比 （%）	规模 （万人）	占比 （%）	规模 （万人）	占比 （%）	规模 （万人）	占比 （%）
女	209.27	44.32	212.96	44.92	210.22	41.90	256.10	44.62
男	262.94	55.68	261.08	55.08	291.47	58.10	317.83	55.38

长三角及其他地区流入上海的人口均主要以青壮年劳动力为主,但老年人口规模及占比不断增长,人口老龄化问题初显。由表 7.3 可知,2020年,长三角地区流入上海的人口中,15—59 岁劳动力人口的规模为 401.53万人,占比为 84.7%,长三角外来人口为上海补充了大量的青壮年劳动力资源,缓解了老龄化带来的社会压力和财政压力。但是,相比 2015 年,2020 年长三角地区流入上海的劳动力人口规模减少了 4.31 万人,占比下降了 1.24个百分点。0—14 岁少儿人口的规模为 42.55 万人,相比五年前减少了 5.19万人,下降了 10.87%。60 岁及以上的人口由 2015 年的 18.63 万人增长至第七次全国人口普查时的 29.95 万人,五年间增长了 11.33 万人,增加了60.80%。老年人口的增加与医疗技术水平提高、生活质量改善使得人均预期寿命延长有关。

表 7.3 长三角及其他地区流入上海的人口的年龄分布

年 龄	长三角地区				长三角以外其他地区			
	2015 年		2020 年		2015 年		2020 年	
	规模 （万人）	占比 （%）	规模 （万人）	占比 （%）	规模 （万人）	占比 （%）	规模 （万人）	占比 （%）
0—14 岁	47.74	10.11	42.55	8.98	39.53	7.88	42.97	7.49
15—59 岁	405.84	85.95	401.53	84.70	441.32	87.97	498.09	86.79
60 岁及以上	18.63	3.94	29.95	6.32	20.85	4.16	32.87	5.73

　　长三角及其他地区流入上海的人口的受教育程度均明显改善,高学历人才占比明显提高。由表 7.4 可知,2020 年长三角地区流入上海的人口中,接受过大学及以上(含大学专科、大学本科、硕士与博士研究生)教育的人口规模为 130.65 万人,占长三角流入上海总人口的 27.56%,相比 2015 年增加了 9.63 个百分点。初中及以下学历的人口规模近五年来减少了 28.80 万人,其比重降低了 6.31 个百分点。近五年间,长三角迁入上海的人口中接受过大学及以上教育的大幅增长,初中及以下低学历的人口占比明显下降,一定程度上得益于高等教育的大众化,主要反映出上海对于长三角地区高学历人才的吸引力正在逐步增强。

表 7.4　长三角及其他地区流入上海的人口的学历分布

| 学　历 | 长三角地区 | | | | 长三角以外其他地区 | | | |
| | 2015 年 | | 2020 年 | | 2015 年 | | 2020 年 | |
	规模(万人)	占比(%)	规模(万人)	占比(%)	规模(万人)	占比(%)	规模(万人)	占比(%)
未上过学	10.44	2.21	8.95	1.89	7.13	1.42	6.47	1.13
小学及以下	68.73	14.56	75.59	15.95	57.32	11.42	72.90	12.70
初　中	209.77	44.42	175.59	37.04	210.55	41.97	196.81	34.29
高　中	72.81	15.42	74.51	15.72	84.30	16.80	99.66	17.36
大学专科	39.03	8.27	52.95	11.17	51.16	10.20	70.95	12.36
大学本科	40.74	8.63	64.97	13.71	60.66	12.09	96.62	16.84
研究生	4.92	1.04	12.74	2.69	8.45	1.68	21.43	3.73

　　经济因素是长三角及其他地区人口流入上海的主要因素,随同离开/投亲靠友、婚姻嫁娶等社会原因的重要程度逐渐降低。由表 7.5 可知,2020 年由于工作就业流入上海的长三角人口规模为 352.75 万人,占比达 74.41%,相比 2015 年下降了 0.56 个百分点。这说明上海人口流入的根本动力是经济因素,预期收入的差距是引起长三角地区人口流入上海的重要原因。随

同离开/投亲靠友是长三角人口流入上海的第二大原因,但相比 2015 年,2020 年出于该目的流入上海的人口规模减少了 18.73 万人,占比降低了 4 个百分点。第三大迁移原因是学习培训,2020 年出于学习培训目的流入上海的长三角人口规模及占比相比 2015 年均翻了一番。婚姻嫁娶、寄挂户口、为子女就学等占比相比 2015 年均有小幅下降。

表 7.5 长三角及其他地区流入上海人口的迁移原因

迁移原因	长三角地区				长三角以外其他地区			
	2015 年		2020 年		2015 年		2020 年	
	规模(万人)	占比(%)	规模(万人)	占比(%)	规模(万人)	占比(%)	规模(万人)	占比(%)
工作就业	354.00	74.97	352.75	74.41	394.93	78.72	432.65	75.38
学习培训	10.42	2.21	20.96	4.42	10.61	2.11	33.84	5.90
随同离开/投亲靠友	62.21	13.17	43.48	9.17	58.76	11.71	43.83	7.64
拆迁/搬家	6.16	1.30	14.91	3.15	2.43	0.48	12.27	2.14
寄挂户口	1.03	0.22	0.91	0.19	0.00	0.00	0.94	0.16
婚姻嫁娶	12.18	2.58	9.56	2.02	9.82	1.96	10.44	1.82
为子女就学	2.47	0.52	1.03	0.22	2.23	0.44	1.05	0.18
其 他	23.73	5.03	30.44	6.42	22.92	4.57	38.91	6.78

长三角地区流入上海的人口,其短期流入和长期流入均呈现增长趋势,离开户籍地时间半年以上不满一年和十年以上的人口规模及占比均在提升;长三角以外其他地区流入上海的人口的短期流入呈现增长趋势,长期流入呈现下降趋势,即离开户籍地时间半年以上不满一年的人口规模和占比在提升,离开户籍地十年以上的人口规模和占比在下降。由表 7.6 可知,长三角地区流入上海的人口中,离开户籍地十年以上的流入人口规模为160.08万人,占比为 33.77%,相较 2015 年增加了 1.23 个百分点。来自长三角地区的长期流入人口占比的提升,表明上海的经济形势向好,就业环境、居住环境均较为良好,对外来人口的吸引力较强。

表 7.6　长三角及其他地区流入上海人口的迁移时长

迁移时长	长三角地区				长三角以外其他地区			
	2015 年		2020 年		2015 年		2020 年	
	规模 (万人)	占比 (%)	规模 (万人)	占比 (%)	规模 (万人)	占比 (%)	规模 (万人)	占比 (%)
不满半年	0.00	0.00	0.59	0.12	0.00	0.00	0.67	0.12
半年以上 不满一年	23.57	4.99	43.12	9.10	33.80	6.74	81.81	14.25
一年以上 不满二年	48.28	10.22	45.50	9.60	62.56	12.47	71.89	12.53
二年以上 不满三年	37.55	7.95	45.68	9.64	50.29	10.02	64.83	11.30
三年以上 不满四年	34.38	7.28	42.83	9.03	37.64	7.50	56.32	9.81
四年以上 不满五年	45.07	9.55	34.74	7.33	55.10	10.98	42.51	7.41
五年以上 不满十年	129.70	27.47	101.50	21.41	140.82	28.07	116.54	20.31
十年以上	153.65	32.54	160.08	33.77	121.48	24.21	139.35	24.28

从产业分布来看,长三角地区流入上海的人口中第二产业、第一产业的从业人员比重明显下降,第三产业从业人员占比明显提升。由图 7.1 可知,长三角地区流入上海的人口的行业分布在 2015—2020 年间逐步转型。2020年,长三角地区流入上海的人口中,第一产业、第二产业从业人员的占比分别约为 0.87%、24.56%,相比 2015 年分别下降了 0.50、7.51 个百分点;而第三产业吸纳的劳动力占比约达 47.50%,近五年间提升了 7.45 个百分点。[①]从行业门类来看,2020 年长三角地区流入上海的人口中,制造业从业人员占比为 15.20%,相比 2015 年下降了 9.14 个百分点;水利、环境和公共设施管

[①]　在第七次全国人口普查数据中,行业未填的占比为 26.82%;2015 年全国 1% 人口抽样调查数据中,行业未填的占比为 26.62%。故文中第一、第二、第三产业从业人员的占比相加不等于 100%。

公共管理、社会保障和社会组织
文化、体育和娱乐业
卫生和社会工作
教育
居民服务、修理和其他服务业
水利、环境和公共设施管理业
科学研究和技术服务业
租赁和商务服务业
房地产业
金融业
信息传输、软件和信息技术服务业
住宿和餐饮业
交通运输、仓储和邮政业
批发和零售业
建筑业
电力、热力、燃气及水生产和供应业
制造业
采矿业
农、林、牧、渔业

0.00   5.00   10.00   15.00   20.00   25.00(%)

■2020年占比   ■2015年占比

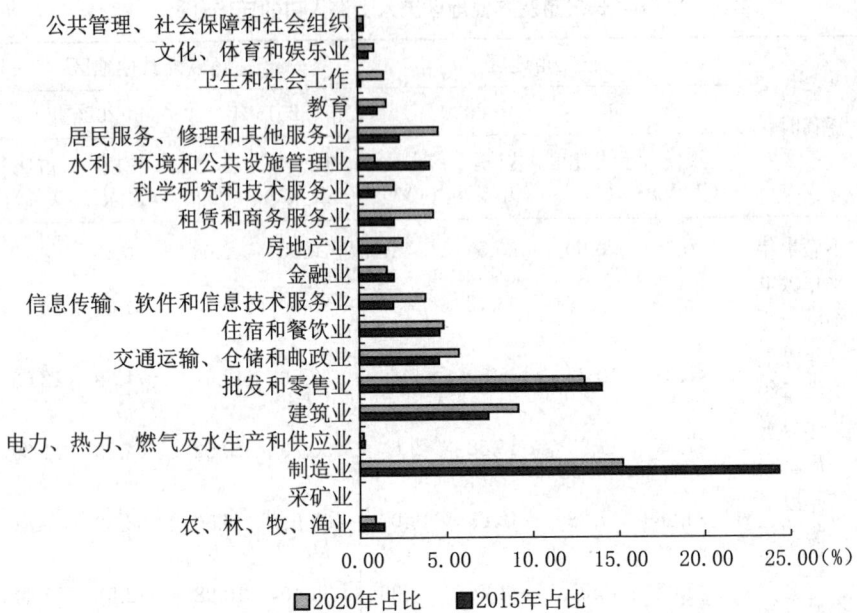

图 7.1   长三角地区流入上海的人口的行业分布

理业从业人员占比从 2015 年的 4.12％下降至 2020 年的 0.95％,下降了 3.17
个百分点,这两个行业从业人员的占比降幅明显。租赁和商务服务业,居民
服务、修理和其他服务业,信息传输、软件和信息技术服务业等多个门类的
从业人员占比均呈现上升趋势。

7.2.2   上海人口流入的空间格局

长三角地区流入上海的人口的空间分布呈现不均衡特征,即上海各市
辖区接收的来自长三角地区的流入人口,其规模及变动趋势存在较大差异。
由图 7.2 可知,在来源地为长三角的流入人口中,浦东的流入人口规模最大,
为 104.3 万人,占上海总流入人口比重的 22.03％,这主要与浦东的占地面积
较大且经济实力较强有关;闵行、嘉定、松江、宝山等区的流入人口规模较

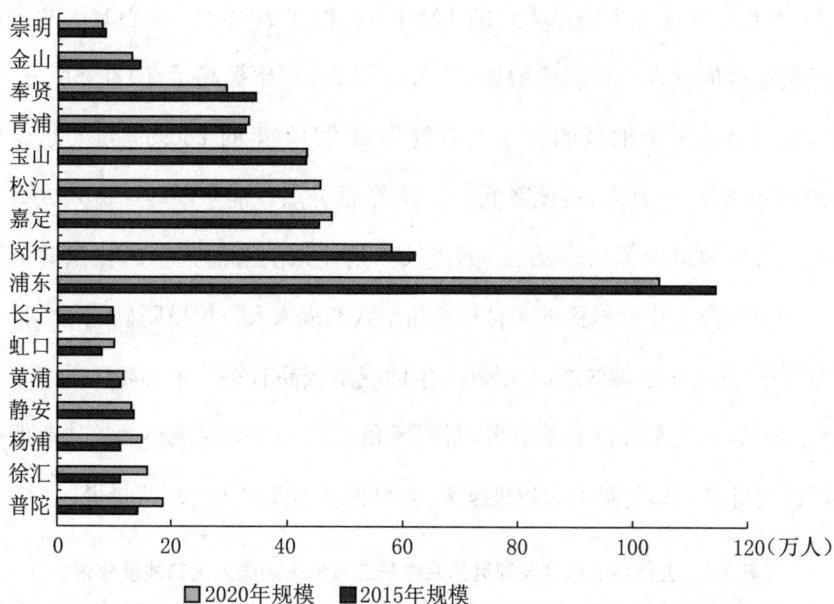

图 7.2 上海各区来自长三角地区的流入人口规模分布

大,均在 40 万人以上;崇明、长宁、虹口等区的流入人口规模较小,均在 10 万人以下。从变动趋势来看,2015—2020 年间,徐汇、松江、普陀、杨浦、虹口、嘉定、青浦、黄浦、宝山的来自长三角地区的流入人口规模呈上升趋势。2015—2020 年,徐汇的来自长三角地区的流入人口规模增长幅度最大,增长了 43.29%;杨浦、普陀、虹口的增幅也较大,均在 25% 以上。除上述各区外,长三角地区流入剩余上海各区的人口规模呈减小趋势,奉贤、金山、浦东的降幅相对较大,其中奉贤的降幅达 14.39%。

长三角地区流入上海的人口主要分布在郊区及浦东新区①,中心城区来自长三角地区的流入人口规模和占比在 2015—2020 年间呈上升趋势。由表 7.7 可知,2020 年,上海中心城区的来自长三角地区的流入人口规模为 92

---

① 由于浦东新区部分区域属于中心城区,部分区域属于郊区,故将其单独列出。

万人,占长三角流入上海总人口的 19.41％。相比 2015 年,中心城区的来自长三角地区的流入人口规模增加了 15.15 万人,占比提高了 3.13 个百分点。郊区的来自长三角地区的流入人口规模由 2015 年的 280.99 万人减少到 2020 年的 277.60 万人,占比降低了 0.95 个百分点。浦东新区的流入人口规模相比五年前减少了 9.93 万人,其占长三角流入上海总人口的比重降低了 2.19 个百分点。中心城区的来自长三角地区的流入人口规模明显低于郊区和浦东新区,这与中心城区的面积较小、生活成本较高有关。中心城区的来自长三角地区的流入人口在不断增多,而郊区和浦东新区呈现减小的趋势表明中心城区对外来人口的吸引力越来越大,人口也在不断向中心城区集聚。

表 7.7　上海中心城区与郊区的来自长三角地区的流入人口规模分布

	2015 年		2020 年	
	规模(万人)	占比(％)	规模(万人)	占比(％)
中心城区	76.85	16.27	92.00	19.41
郊　　区	280.99	59.51	277.60	58.56
浦东新区	114.37	24.22	104.43	22.03

安徽、江苏、浙江流入上海的人口均主要流向郊区。郊区与浦东新区的流入人口中,安徽的占比最高;中心城区的流入人口中,江苏的占比最高。由图 7.3 可知,三个省份流入上海中心城区的人口在该省流入上海的总人口中的占比均增加,安徽流入上海郊区的人口在其流入上海的总人口中的占比减少,江苏和浙江流入上海郊区的人口在其流入上海的总人口中的占比增加,三个省份流入浦东新区的人口在其流入上海的总人口中的占比均减少。2020 年,安徽、江苏、浙江流入郊区的人口占其各自流入上海总人口的 63.4％、54.11％、51.33％,占比均达一半以上。2020 年上海中心城区的流入人口中户籍地为江苏的人口规模最大,为 43.71 万人,占长三角地区流入

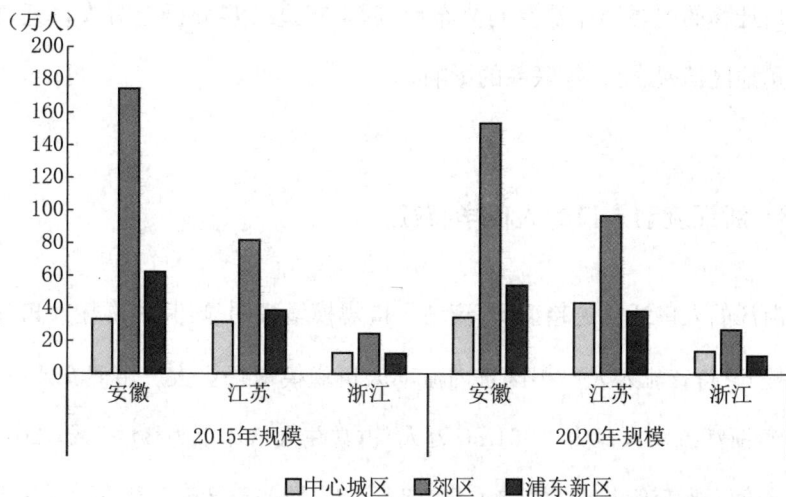

图 7.3 上海中心城区与郊区的来自长三角地区的流入人口的户籍地分布

上海中心城区的总人口的 47.51%；安徽流入郊区人口为 153.83 万人，占比为 55.41%。

本节针对 2015—2020 年间上海流入人口的特征与空间格局情况进行分析，得到以下结论。人口学特征方面，2020 年来自长三角地区的流入上海人口占上海总流入人口的 45.23%，其中来自安徽的流入人口规模最大，但占比呈下降趋势，来自江苏和浙江的流入人口规模及占比增长。性别结构虽不均衡但在这五年间有所改善，主要迁移原因是工作就业，且经济因素主导流入。人口以青壮年劳动力为主，但老年人口规模及占比上升，受教育程度明显提高，高学历人才占比增加。短期和长期流入总体均呈增长趋势，部分受疫情影响有所波动，产业分布上第三产业从业人员占比提升。

空间格局方面，来自长三角地区的流入人口在上海各区分布不均衡，主要分布在郊区及浦东新区，其中浦东新区规模最大，不过中心城区流入人口规模和占比均有所上升，表明其吸引力在增强。来自安徽、江苏、浙江的流入人口主要流向郊区，中心城区流入人口中，来自江苏的占比最高。了解上海人口迁移的主要群体及空间分布后,后文将进一步分析上海人口迁移对长三角地区消费、出行等联系的影响。

7.2.3 浙江流动人口的人口学特征

浙江的人口迁移更趋活跃,流动人口规模增幅明显,其占常住人口比重明显提升;跨省流入人口相比省内流动人口规模增幅更大。由表 7.8 可知,2010 年浙江流动人口为 1 861.86 万人,占常住人口比重为 34.21%;2010—2020 年间,浙江流动人口增加了 693.88 万人,增加至 2 555.75 万人,其占浙江常住人口的比重增加了 5.37 个百分点。相比 10 年前,跨省流入人口规模增加了 436.25 万人,其占常住人口比重提高了 3.34 个百分点,表明浙江对外来人口的吸引力在持续上升。省内流动人口规模增加了 257.63 万人,占浙江常住人口的比重提高了 2.03 个百分点,其占流动人口的比重增加了 0.17个百分点,省内、省外流动人口占常住人口比重的差异在扩大,不过占流动人口的比重变化不大。

浙江省内流动人口男女性别比例差别不大,省外流入人口性别结构呈

表 7.8　浙江流动人口规模变动

	2010 年		2020 年	
	规模(万人)	占比(%)	规模(万人)	占比(%)
常住人口	5 442.69	100.00	6 456.76	100.00
流动人口	1 861.86	34.21	2 555.75	39.58
省内流动人口	679.47	12.48	937.10	14.51
省外流入人口	1 182.40	21.72	1 618.65	25.07

资料来源:浙江省第六次、第七次全国人口普查短表。

现不均衡特征。近年来,省外流动人口的性别结构不均衡性明显扩大;省内流动人口性比结构变化不大。由表 7.9 可知,2020 年男性、女性省内流动人口规模分别为 464.07 万人、452.13 万人,性别比为 102.64,相比十年前性别比没有发生明显变化。2020 年男性、女性省外流入人口规模分别为 933.50 万人、659.71 万人,性别比为 141.50。2010—2020 年间,省外流入人口性别比提高了 16.69,性别结构呈现严重不均衡特征。浙江省外流入人口性别结构失衡主要与这些人的迁移原因以及从事的职业密切相关。2020 年浙江省外流入人口中,82.18% 的迁移原因是工作就业,而以家庭为单位进行的迁移决策倾向于男性外出挣钱养家,女性留在家中照顾子女及赡养老人;60.58% 的人从事的职业为生产制造及有关行业,而这些行业普遍对男性员工需求较大。

表 7.9　浙江省流动人口性别分布变动

| 性别 | 2010 年 | | | | 2020 年 | | | |
| | 省内 | | 省外流入 | | 省内 | | 省外流入 | |
	规模(万人)	占比(%)	规模(万人)	占比(%)	规模(万人)	占比(%)	规模(万人)	占比(%)
男	328.91	50.53	626.12	55.52	464.07	50.65	933.50	58.59
女	321.98	49.47	501.65	44.48	452.13	49.35	659.71	41.41

资料来源:同表 7.8。

浙江省内和省外流动人口均主要以青壮年劳动力为主,但近年来老年人口规模和占比在不断增长,且省内老年流动人口规模的增幅相比省外老年流动人口更大。由表 7.10 可知,2020 年 15—64 岁的省外流入人口规模为 1 439.62 万人,占省外总流入人口的 88.94%,为浙江提供了大量的青壮年劳动力资源,缓解了人口老龄化带来的社会压力和财政压力。省内、省外流动人口的年龄结构均存在青壮年劳动力占比在降低、少儿和老年人口比重在不断提高的趋势,其中省内流动人口的青壮年劳动力占比下降得更明显。

2010—2020 年间,65 岁及以上的省内老年流动人口增加了 39.98 万人,占比提高了 3.21 个百分点,省内少儿流动人口增加了 46.89 万人,占比提高了 1.99 个百分点。省外的少儿流动人口和老年流动人口的占比分别提高了 0.19 和 0.84 个百分点。老年人口的增加与医疗技术水平提高、生活质量改善使得人均预期寿命延长有关。

表 7.10 浙江流动人口年龄分布变动

年龄组	2010 年				2020 年			
	省内		省外流入		省内		省外流入	
	规模 (万人)	占比 (%)	规模 (万人)	占比 (%)	规模 (万人)	占比 (%)	规模 (万人)	占比 (%)
0—14 岁	74.54	10.97	112.83	9.54	121.43	12.96	157.60	9.74
15—64 岁	578.81	85.19	1 063.80	89.97	749.58	79.99	1 439.62	88.94
65—79 岁	21.68	3.19	5.06	0.43	54.65	5.83	19.67	1.22
80 岁及以上	4.43	0.65	0.71	0.06	11.44	1.22	1.75	0.11

资料来源:同表 7.8。

浙江省内和省外流动人口的受教育程度均在逐渐提高。相比省内流动人口,省外流动人口中高学历人才占比提升幅度更大。由表 7.11 可知,省内和省外流动人口中均为初中学历的人口规模占比最高,但该占比均呈下降趋势;接受大学及以上(含大学专科、大学本科、硕士与博士研究生)教育的省内和省外流动人口的规模和占比均在提升。相比 2010 年,2020 年大学及以上学历的省内、省外流动人口规模分别增加了 141.94 万人、101.56 万人,占省内、省外流动人口的比重分别提升了 10.15、5.20 个百分点。浙江流动人口中接受大学及以上教育人口占比的明显提高,以及初中及以下低学历人口占比的明显下降,在一定程度上得益于中国九年义务教育巩固率①的提

① 九年义务教育巩固率的计算公式为毕业人数除以入学人数(含正常流动生)乘以 100。

表 7.11　浙江流动人口学历分布变动

学　历	2010 年				2020 年			
	省内		省外流入		省内		省外流入	
	规模（万人）	占比（%）	规模（万人）	占比（%）	规模（万人）	占比（%）	规模（万人）	占比（%）
未上过学	22.84	3.51	23.70	2.10	21.37	2.33	28.52	1.79
小学及以下	132.17	20.31	297.22	26.35	197.95	21.61	406.64	25.52
初　中	218.00	33.49	643.91	57.10	240.24	26.22	799.65	50.19
高　中	157.84	24.25	117.67	10.43	194.67	21.25	211.57	13.28
大学专科	67.43	10.36	28.62	2.54	134.20	14.65	80.93	5.08
大学本科	50.79	7.80	15.19	1.35	120.08	13.11	58.18	3.65
研究生	1.82	0.28	1.46	0.13	7.69	0.84	7.73	0.49

资料来源：同表 7.8。

升和高等教育的大众化。省外流入人口中接受大学及以上教育的人口规模和占比的提升，也反映出浙江对高学历人才的吸引力在逐渐提高。

经济就业始终是浙江省内人口迁移和省外人口流入的主要驱动因素，但其重要程度有所下降；因拆迁/搬家而造成的省内人口迁移的人口规模及比重明显提高，因学习培训而流入的省外人口的比重提高了两倍。由表7.12可知，2020 年因工作就业而流入浙江的省外人口规模为 1 330.17 万人，占省外总流入人口的 82.18%，相比 10 年前，规模增加了 329.08 万人，占比下降了 2.49 个百分点。这说明浙江人口流入的根本动力是经济因素，预期收入的差距是这部分群体离开原户籍地的重要原因。随同离开/投亲靠友是2020 年浙江省外人口流入的第二大原因，由于该原因从省外流入浙江的人口规模相比 2010 年没有发生明显变化，但占比下降了 3.19 个百分点。因学习培训流入浙江省的省外人口规模增加了 48.26 万人，占比提高了 2.64 个百分点。

表 7.12　浙江省内人口迁移和省外人口流入的原因①

迁移原因	2010 年				2020 年			
	省内人口迁移		省外流入		省内人口迁移		省外流入	
	规模 (万人)	占比 (%)	规模 (万人)	占比 (%)	规模 (万人)	占比 (%)	规模 (万人)	占比 (%)
工作就业	311.50	38.57	1 001.09	84.67	476.83	34.25	1 330.17	82.18
学习培训	112.18	13.89	14.80	1.25	175.00	12.57	63.06	3.90
随同离开/投亲靠友	160.14	19.83	139.62	11.81	147.87	10.62	139.46	8.62
拆迁/搬家	144.10	17.84	3.94	0.33	371.54	26.69	17.14	1.06
寄挂户口	7.40	0.92	2.26	0.19	11.05	0.79	0.69	0.04
婚姻嫁娶	43.44	5.38	13.14	1.11	59.54	4.28	11.89	0.73
其　他	28.93	3.58	7.55	0.64	150.31	10.80	56.23	3.47

资料来源：同表 7.8。

浙江离开户籍地时长五年以上的省内人口迁移和省外流入人口占比趋于提高，离开户籍时间三年以下的省外流入人口占比明显下降。由表 7.13 可知，2010 年，迁移时长为半年至一年、一年至二年、二年至三年的省外流入人口占省外总流入人口的比重均呈下降趋势；迁移时长为三年至四年、四年至五年的省外流入人口和省内人口迁移的占比变化不大。2020 年离开户籍地时间为五年以上的省外流入人口规模为 618.20 万人，占省外总流入人口的 38.19%，相比 10 年前规模增加了 336.29 万人，占比提升了 14.35 个百分点。长期迁入的省外人口比重的提升，说明省外人口在浙江省长期定居的意愿在逐渐提高，这与浙江省经济形势向好，就业环境与居住环境较好有关。

---

①　浙江省第六次人口普查未提供市辖区内人户分离人口的迁移原因和迁移时长数据，故表 7.12 和表 7.13 中的省内人口分离数据均包含市辖区内人户分离数据。

表 7.13　浙江省内人口迁移和省外流入人口迁移时长分布变动

迁移时长	2010 年				2020 年			
	省内人口迁移		省外流入		省内人口迁移		省外流入	
	规模 (万人)	占比 (%)	规模 (万人)	占比 (%)	规模 (万人)	占比 (%)	规模 (万人)	占比 (%)
合　计	807.69	100.00	1 182.40	100.00	1 392.14	100.00	1 618.65	100.00
半年至一年	111.84	13.85	312.84	26.46	243.35	17.48	339.30	20.96
一年至二年	162.79	20.15	237.75	20.11	193.98	13.93	213.58	13.19
二年至三年	127.99	15.85	162.42	13.74	187.50	13.47	185.95	11.49
三年至四年	79.90	9.89	111.75	9.45	138.56	9.95	152.77	9.44
四年至五年	51.07	6.32	75.72	6.40	90.98	6.54	108.85	6.72
五年以上	274.11	33.94	281.91	23.84	537.76	38.63	618.20	38.19

资料来源:同表 7.8。

7.2.4　浙江流动人口的空间分布特征

省内流动人口和省外流入人口的迁入地空间分布相似,杭州、宁波、温州是浙江省内和省外流入人口的主要流入地;衢州、舟山、丽水、湖州的省内和省外流入人口规模均较小。由表 7.14 可知,杭州、宁波、温州的省内流入人口共计 437.56 万人,占浙江省省内总流入人口的 46.69%;这三个市的省外流入人口规模共计 863.20 万人,占全省省外总流入人口的 53.33%。这说明这三个城市对省内和省外迁入人口的吸引力明显大于其他城市。从各市省内和省外流入口的分布结构来看,衢州、丽水对省内人口的吸引力大于对外来人口的吸引力,其省内流动人口分别占其总流入人口的 78.16%、79.79%;除这两个市外,其余各市的省外流入人口占比均高于其省内流入人口占比。

表 7.14 浙江流动人口空间分布

现住地	流动人口合计(万人)	省内迁移		省外流入	
		规模(万人)	占比(%)	规模(万人)	占比(%)
杭州	474.08	153.59	32.40	320.50	67.60
宁波	430.97	117.69	27.31	313.27	72.69
温州	395.71	166.28	42.02	229.43	57.98
嘉兴	238.57	66.13	27.72	172.43	72.28
湖州	116.42	40.19	34.52	76.23	65.48
绍兴	179.09	73.22	40.88	105.87	59.12
金华	337.16	118.60	35.17	218.57	64.83
衢州	47.83	37.39	78.16	10.45	21.84
舟山	33.69	10.49	31.14	23.20	68.86
台州	218.26	86.53	39.65	131.73	60.35
丽水	83.96	67.00	79.79	16.96	20.21

资料来源：浙江省第七次全国人口普查年鉴长表。

长三角地区是浙江外来人口的主要来源地之一，[1]安徽流入浙江的人口规模明显大于江苏、上海流入浙江的人口规模。由表 7.15 可知，杭州、宁波、嘉兴是长三角地区人口流入浙江主要选择的三个城市，这三个城市来自长三角的外来人口共计 218.81 万人，占浙江来自长三角地区的外来人口总数的 59.75%；衢州、丽水、舟山这三个城市来自长三角地区的外来人口较少。在长三角地区以外的各省中，贵州、河南、江西是浙江流入人口的主要来源地，这三个省流入浙江的人口共有 687.38 万人，占浙江外来人口的 42.47%。浙江对西藏、天津、海南的人口吸引力相对较低，这三地流入浙江的人口占浙江外来人口的比重不足 1%。

---

① 此处长三角地区流入浙江的人口指的是上海、江苏、安徽流入浙江的人口，不含浙江省内的人户分离人口。

表 7.15　浙江各市的省外流入人口来源地分布

现住地	省外流入合计（万人）	长三角地区流入						长三角以外其他省流入	
		上海		江苏		安徽		规模（万人）	占比（％）
		规模（万人）	占比（％）	规模（万人）	占比（％）	规模（万人）	占比（％）		
浙江	1 618.65	4.53	0.28	47.78	2.95	313.88	19.39	1 252.45	77.38
杭州	320.50	1.21	0.38	14.48	4.52	77.49	24.18	227.33	70.93
宁波	313.27	0.91	0.29	10.16	3.24	72.44	23.12	229.77	73.34
温州	229.43	0.22	0.09	2.65	1.16	31.13	13.57	195.44	85.18
嘉兴	172.43	1.09	0.63	7.88	4.57	33.16	19.23	130.30	75.57
湖州	76.23	0.26	0.34	3.58	4.70	24.17	31.71	48.22	63.26
绍兴	105.87	0.32	0.30	2.57	2.43	19.92	18.82	83.06	78.45
金华	218.57	0.20	0.09	2.76	1.26	24.08	11.02	191.53	87.63
衢州	10.45	0.04	0.37	0.34	3.25	1.26	12.08	8.81	84.30
舟山	23.20	0.12	0.54	1.19	5.14	7.83	33.75	14.05	60.57
台州	131.73	0.14	0.11	1.81	1.38	20.93	15.89	108.85	82.63
丽水	16.96	0.03	0.20	0.34	2.02	1.48	8.74	15.11	89.04

资料来源：同表 7.14。

　　省内流动人口和省外流入人口的性别结构特征存在明显差异，省内流动人口中男性与女性人口规模相近；省外流入人口中男性明显多于女性，性别比严重失衡。由表 7.16 可知，浙江各市的省内流动人口中，男性与女性的迁移意愿基本相近，嘉兴、湖州和衢州这三个地级市的省内流动人口性别比低于 100，其余各市省内流动人口性别比也没有高于 108。各市的省外流动人口男性明显多于女性，其性别比均在 135 以上，大部分城市的省外流入人口的性别比在 140 左右，舟山省外迁入人口的性别比高达 191.22。省内和省外流动人口性别比结构差异与女性倾向于短距离迁移有关；也与他们所从事的职业相关，各市省内流动人口中第三产业从业人员的占比高于第二产业从业人员的占比，而省外流入人口则主要从事生产制造等第二产业的行业，第二产业对于男性员工需求较高。

表 7.16　浙江各市流动人口性别分布

现住地	流动人口合计			省内迁移			省外流入		
	性别比	男（万人）	女（万人）	性别比	男（万人）	女（万人）	性别比	男（万人）	女（万人）
杭州	129.15	267.20	206.88	104.48	78.48	75.11	143.22	188.72	131.77
宁波	124.78	239.23	191.73	100.17	58.90	58.80	135.66	180.34	132.94
温州	127.96	222.12	173.59	107.93	86.31	79.97	145.07	135.81	93.62
嘉兴	125.66	132.85	105.72	96.19	32.42	33.71	139.46	100.42	72.01
湖州	126.49	65.02	51.40	99.33	20.03	20.16	144.02	44.99	31.24
绍兴	122.19	98.49	80.60	101.07	36.80	36.42	139.59	61.68	44.19
金华	124.00	186.65	150.52	104.65	60.65	57.95	136.12	126.00	92.57
衢州	106.24	24.64	23.19	97.29	18.44	18.95	146.21	6.20	4.24
舟山	159.45	20.70	12.98	109.03	5.47	5.02	191.22	15.23	7.97
台州	124.72	121.14	97.12	102.74	43.85	42.68	141.96	77.29	54.44
丽水	110.31	44.04	39.92	101.50	33.75	33.25	154.16	10.29	6.67

资料来源:同表 7.14。

省内流动人口和省外流入人口所从事的职业分布存在明显差异,各市省内流动人口中社会生产服务和生活服务人员占比均最高;除杭州外,其他各城市省外流入人口中生产制造及有关人员占比最高。杭州的流动人口主要从事的两大职业依次为社会生产服务和生活服务人员、生产制造及有关人员;其他城市均为生产制造及有关人员占比最高,社会生产服务和生活服务人员的占比次之。浙江各市这两类职业的人口规模均远高于其他职业,这主要是因为这两类职业涵盖的范围较广,几乎涵盖了第二产业、第三产业的各类工作。(将生产制造及有关人员划分为第二产业从业人员,社会生产服务和生活服务人员划分为第三产业从业人员)。浙江各市省内流动人口主要为第三产业从业人员,但整体看来,其职业相对较为多样,第二产业从业人员、专业技术人员、办事人员和有关人员也占一定的比例;省外流入人口主要从事第二产业相关工作,从事第三产业相关工作的次之,其第二产业从业人员占各市省外流入人口的比重基本均在 60% 以上(杭州和衢州除外)。

7.3　人口迁移对城市网络的影响

7.3.1　基于"三元"框架的理论分析

同一个城市的人与人之间普遍会通过如血缘关系、地缘关系、业缘关系等社会关系产生联系,故一个城市内部的人口会产生复杂的社会网络。当外来的流动人口在流入地城市居留一定时间后,这些流动人口与流入地居民之间会产生新的社会关系与联系,进而连接流出地的社会网络和流入地的社会网络,促进各类型城市网络的形成。基于上述观点,我们假设某城市人口迁移通过拓展、连接社会网络,对该城市与长三角其他城市间的联系主要产生两方面的影响——直接影响与间接影响,具体涵盖四种机制。以上海为例(如图 7.4,同样可适用于其他城市):

(1)直接影响机制。上海与除上海以外的长三角城市 i[①] 通过它们之间直接的人口迁移连接两城市间的社会网络,进而促进上海和长三角城市 i 之间产生消费、出行等联系。

(2)间接影响机制一。全国其他城市 k 的人口分别流向上海和长三角城市 i 会促进上海和城市 i 之间产生消费、出行等联系。当城市 k 的人口分别流向上海和城市 i 时,由于城市 k 流向这两个城市的两部分人口之间存在着一定程度的社会关系网络,在这两部分人分别融入上海和城市 i 的社会网络后,将在一定程度上连接上海与城市 i 之间的社会网络,从而促进上海与

---

①　本书后文中的长三角城市 i 和长三角城市 j 均指除上海(或其他目标城市)以外的其他 40 个长三角城市; k 指全国范围内除长三角地区以外的城市。

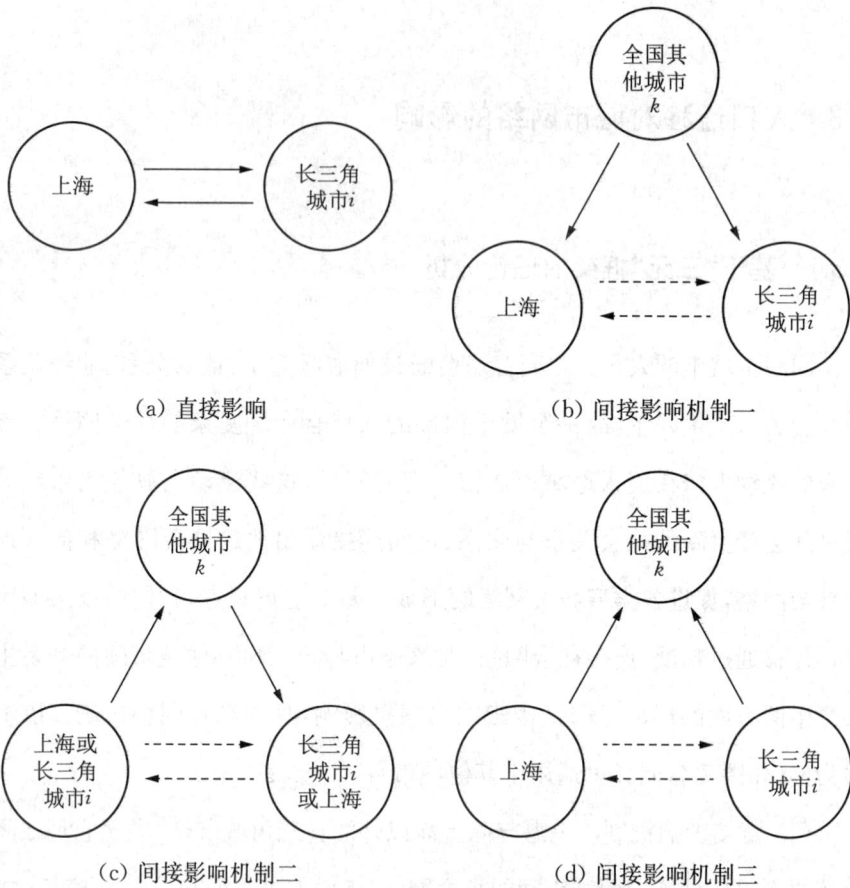

（a）直接影响　　　　　　　　（b）间接影响机制一

（c）间接影响机制二　　　　　　（d）间接影响机制三

图 7.4　上海人口迁移对上海市与长三角其他城市间联系的作用机制

城市 i 之间消费、出行等联系的形成。概括来讲，这一机制反映的是同来源地城市的流动人口对于上海和长三角城市之间的消费、出行等城市网络的影响。

（3）间接影响机制二。上海的人口流向全国其他城市 k、城市 k 的人口流向长三角城市 i（或者城市 i 的人口流向城市 k、城市 k 的人口流向上海）会促进上海和城市 i 之间产生消费、出行等联系。因为在这个过程中，来自上海（或城市 i）的流动人口会逐渐融入城市 k 的社会网络中，来自城市 k 的流动人口也会逐渐融入城市 i（或上海）的本地居民的社会网络中。故上海

和城市 i 的人口会通过来自上海和城市 k 的流动人口加强两者间的了解,连接上海和城市 i 之间的社会网络,促进上海市和城市 i 之间的消费、出行等联系。概括来讲,这一机制反映的是流动人口的中转型城市对于上海和长三角城市之间的消费、出行等城市网络的影响。

(4) 间接影响机制三。上海、长三角城市 i 的人口流向全国其他城市 k 会促进上海和城市 i 之间产生消费、出行等联系。当上海、城市 i 的人口均流动到城市 k 时,来自上海、城市 i 的流动人口在城市 k 居留到一定时间后会形成社会网络,上海的人口会通过外来的流动人口加强对城市 i 的了解、城市 i 的人口会通过其流动人口加强对上海的了解,这会连接起上海和城市 i 之间的社会网络,促进上海和城市 i 之间消费、出行等联系的形成。概括来讲,这一机制反映的是同目的地城市的流动人口对于上海与长三角城市之间的消费、出行等城市网络的影响。

进一步而言,人口迁移对消费、出行等城市网络形成的直接影响的大小主要由流动人口的规模决定;人口迁移网络对城市之间产生城市网络的间接影响的大小,则由流动人口的规模和来源地构成的相似程度综合决定。就人口迁移对城市网络形成的直接影响而言,显然上海(或其他目标城市)流入城市 i 、城市 i 流入上海(或其他目标城市)的人口规模越大,其带动的城市之间的资金、信息等要素的流动就越频繁,从而促进了消费、出行等城市网络的产生与发展。

就间接影响而言,从流动人口的规模角度来看,以人口迁移对城市网络形成的间接影响的机制一为例,一方面,当城市 k 流向上海(或其他目标城市)和城市 i 的人口越多时,这两部分人口之间认识的可能性会相对更高,他们各自的亲人、朋友之间认识的机会、联系的次数可能会更多,从而使得城市 k 流向上海(或其他目标城市)的人口和城市 k 流向城市 i 的人口的社会关系网络更紧密，也就是说这两个群体之间的接触率会更高，使得信息传递会更有效。

另一方面，当城市 k 流向上海（或其他目标城市）、城市 i 的人口越多，城市 k 流向上海（或其他目标城市）、城市 i 的人口分别占上海（或其他目标城市）、城市 i 的总流入人口比重就越大；城市 k 流向上海（或其他目标城市）、城市 i 的人口分别占上海（或其他目标城市）、城市 i 的常住人口比重越大时，城市 k 流向上海（或其他目标城市）的流动人口和上海（或其他目标城市）的人口的社会网络关联度会更高，城市 k 流向城市 i 的流动人口也会和城市 i 的人口的接触率更高，因此城市 k 的流动人口与上海（或其他目标城市）、城市 i 的人口之间的信息传递也会更有效。从这两方面来看，当城市 k 流向上海（或其他目标城市）和城市 i 的人口越多时，城市 k 的流动人口可以更好地作为中介桥梁使得上海（或其他目标城市）和城市 i 之间的了解更深入并产生更多联系，即对上海（或其他目标城市）和城市 i 之间产生城市网络的影响更大。

从流动人口来源地构成角度来看，仍以间接影响机制一为例，当流入上海（或其他目标城市）和城市 i 的流动人口的来源地构成相似时，由于这些来源地之间的人口也会有交流联系，从而使得上海（或其他目标城市）和城市 i 的流入人口会形成一种更紧密的社会网络关系，这会强化上海（或其他目标城市）和城市 i 之间的信息传递，故来源地构成相似会放大流动人口的规模效应，强化人口流动对城市网络形成的间接影响。

此外，根据地理学第一定律，距离越远的事物之间的联系越弱，因此，上海（或其他目标城市）和城市 i 之间的联系与它们之间的距离成反比。基于上述分析，我们选择 2 个指标来测度某城人口流动对该城市与长三角其他城市间联系的直接影响机制，并选用 6 个指标来测度间接影响的三个机制，具体指标见表 7.17。

表 7.17 长三角 *s* 市人口迁移对 *s* 市与长三角其他城市间联系的作用机制指标

直接影响	影响机制	M_{si}，M_{is}		
间接影响	机制一^{I}	$L_{11}^{\mathrm{I}} = \dfrac{\sum_{k=1}^{n}(M_{ks} \cdot M_{ki})}{D_{si}^{2}}$，$L_{12}^{\mathrm{I}} = \dfrac{\sum_{k=1}^{n}(m_{ks} \cdot m_{ki})}{D_{si}^{2}}$，$L_{13}^{\mathrm{I}} = \dfrac{\sum_{k=1}^{n}(p_{ks} \cdot p_{ki})}{D_{si}^{2}}$		
	机制二^{I}	$L_{21}^{\mathrm{I}} = \dfrac{\sum_{k=1}^{n}(M_{sk} \cdot M_{ki})}{D_{si}^{2}}$，$L_{22}^{\mathrm{I}} = \dfrac{\sum_{k=1}^{n}(m_{sk} \cdot m_{ki})}{D_{si}^{2}}$，$L_{23}^{\mathrm{I}} = \dfrac{\sum_{k=1}^{n}(p_{sk} \cdot p_{ki})}{D_{si}^{2}}$		
	机制三^{I}	$L_{31}^{\mathrm{I}} = \dfrac{\sum_{k=1}^{n}(M_{sk} \cdot M_{ik})}{D_{si}^{2}}$，$L_{32}^{\mathrm{I}} = \dfrac{\sum_{k=1}^{n}(m_{sk} \cdot m_{ik})}{D_{si}^{2}}$，$L_{33}^{\mathrm{I}} = \dfrac{\sum_{k=1}^{n}(p_{sk} \cdot p_{ik})}{D_{si}^{2}}$		

各指标中的字母含义如下：所有指标右上角的角标 I 用于表明这些指标是用于分析长三角某城市人口迁移对该城市与长三角其他城市间联系的作用机制的指标。M_{si} 指的是目标城市 *s* 流入长三角城市 *i* 的人口规模；M_{is} 指的是长三角城市 *i* 流入 *s* 市的人口规模；m_{si} 指的是 *s* 市流入长三角城市 *i* 的人口占城市 *i* 总流入人口的比重；p_{si} 指的是 *s* 市流入长三角城市 *i* 的人口占城市 *i* 常住人口的比重；即指标 M_{si}、m_{si}、p_{si} 的下角标中第一个字母均指的是人口流出地，第二个字母均指的是人口流入地；*M* 是指人口流出地迁往流入地的人口规模；*m* 是指人口流出地迁往流入地的人口规模占流入地总流入人口规模的比重；*p* 是指人口流出地迁往流入地的人口规模占流入地常住人口规模的比重；[①]*n* 为除 *s* 市以外的长三角城市总数。L_{ab} 是指机制 *a* 的第 *b* 个指标反映的城市之间的联系。*i* 是指除 *s* 市以外长三角的第 *i* 个城市；*k* 是指全国除 *s* 市和城市 *i* 以外的第 *k* 个城市。D_{si} 指的是 *s* 市与长三角

---

① 后文将称之为流入强度。

城市 i 之间的时间距离，用公路驾车时长进行测度。其余指标同理。

7.3.2 人口迁移对消费网络的影响

运用 OLS 模型分析上海市人口迁移对上海市与长三角其他城市间消费联系的影响，由表 7.18 可知，上海市与长三角其他城市之间的直接人口迁移对于它们之间的消费联系没有显著影响。

表 7.18   上海人口迁移对上海与长三角其他城市间消费联系的影响

	(1) 消费联系	(2) 消费联系	(3) 消费联系	(4) 消费联系
M_{si}	−0.073 (0.116)			
M_{is}	−0.071 (0.116)			
L_{11}^{I}		0.488** (0.210)		
L_{12}^{I}			−0.429** (0.205)	
L_{13}^{I}				−0.085 (0.246)
L_{14}^{I}		0.111 (0.132)	0.347** (0.162)	0.178 (0.152)
L_{21}^{I}		−0.166 (0.220)		
L_{22}^{I}			0.181 (0.176)	
L_{23}^{I}				0.244 (0.234)
L_{24}^{I}		−0.001 (0.144)	−0.101 (0.177)	−0.055 (0.163)

	(1) 消费联系	(2) 消费联系	(3) 消费联系	(4) 消费联系
L_{31}^{I}		0.195 (0.119)		
L_{32}^{I}			0.674*** (0.173)	
L_{33}^{I}				0.277* (0.141)
L_{34}^{I}		0.182 (0.130)	0.025 (0.150)	0.244* (0.134)
截距项	1.80e−17 (0.113)	−5.51e−17 (0.088)	5.77e−18 (0.087)	1.30e−16 (0.089)
N	80	80	80	80

注:括号内为标准误,* 表示 $p<0.1$, ** 表示 $p<0.05$, *** 表示 $p<0.01$。

　　对于机制一而言,同一城市流入上海及长三角其他城市的流动人口规模提升,会显著促进上海和长三角城市之间的消费联系;同一城市流入上海及长三角其他城市的流动人口规模占其各自总流入人口的比重的升高,对于上海与长三角其他城市之间的消费联系有抑制作用。上海及长三角其他城市的流动人口来源地结构相似程度的提升会促进它们之间的消费联系。

　　对于机制二而言,上海(长三角城市)人口迁入到全国其他城市、全国其他城市人口迁入到长三角城市(上海)所产生的上海和长三角城市之间的联系对于它们之间的消费联系没有显著影响。

　　对于机制三而言,上海及长三角其他城市流出至同一目的地城市的流动人口规模的提升会促进上海和长三角城市之间的消费联系。上海及长三角其他城市的流动人口流入地结构相似程度的提升亦会促进它们之间的消费联系。

　　同样运用 OLS 模型分析浙江人口迁移对浙江城市与长三角其他城市之

间消费联系的影响，回归结果见表 7.19。直接迁移的系数均显著为正，这说明浙江人口流入长三角其他城市或长三角城市人口流入浙江均会促进浙江与长三角其他城市间消费联系的产生。

对于机制一而言，当浙江的城市和长三角其他城市同作为流入地时，人口流入规模越大，浙江和长三角其他城市之间的消费联系越强；但同一城市

表 7.19　浙江人口迁移对浙江与长三角其他城市之间消费联系的影响

	(1)	(2)	(3)	(4)
M_{si}	0.792*** (0.085)			
M_{is}	0.780*** (0.082)			
L_{11}^{I}		0.032*** (0.004)		
L_{12}^{I}			−0.116*** (0.027)	
L_{13}^{I}				0.512* (0.274)
L_{21}^{I}		0.009 (0.038)		
L_{22}^{I}			0.095*** (0.031)	
L_{23}^{I}				8.206*** (3.107)
L_{31}^{I}		−0.009 (0.030)		
L_{32}^{I}			0.244*** (0.025)	
L_{33}^{I}				1.326 (3.445)
N		440	440	440

注：括号内为标准误，* 表示 $p<0.1$，** 表示 $p<0.05$，*** 表示 $p<0.01$。

流入浙江及长三角其他城市的流动人口规模占其各自总迁入人口的比重的提升,对于浙江与长三角其他城市之间的消费联系有抑制作用;浙江及长三角其他城市的流动人口来源地结构相似程度的提升会促进浙江和长三角其他城市之间的消费联系。

对于机制二而言,当浙江的城市和长三角其他城市之间存在人口迁移中转城市时,浙江流入该中转城市人口占比及流入强度越大,且该中转城市流入长三角(浙江省)城市的总人口占比及流入强度越大时,会促进浙江与长三角其他城市间形成消费网络。

对于机制三而言,当浙江和长三角其他城市同作为流出地时,其流出人口分别占流入地总流入人口比重越大时,越有利于浙江和长三角其他城市之间消费网络的形成。

7.3.3　人口迁移对出行网络的影响

运用 OLS 模型分析上海市人口迁移对上海市与长三角其他城市间出行联系的影响可知,上海市与长三角其他城市之间的直接人口迁移对于它们之间的出行联系没有显著影响(见表 7.20)。

表 7.20　上海市人口迁移对上海市与长三角其他城市间出行联系的影响

	(1) 出行联系	(2) 出行联系	(3) 出行联系	(4) 出行联系
M_{si}	-0.063 (0.116)			
M_{is}	-0.063 (0.116)			
L_{11}^{I}		0.961^{***} (0.065)		

续表

	(1) 出行联系	(2) 出行联系	(3) 出行联系	(4) 出行联系
L_{12}^{I}			-0.066 (0.063)	
L_{13}^{I}				0.708^{***} (0.133)
L_{14}^{I}		-0.172^{***} (0.041)	-0.076 (0.050)	-0.258^{***} (0.082)
L_{21}^{I}		0.024 (0.068)		
L_{22}^{I}			-0.035 (0.054)	
L_{23}^{I}				-0.025 (0.126)
L_{24}^{I}		-0.016 (0.045)	0.027 (0.055)	0.017 (0.088)
L_{31}^{I}		0.036 (0.037)		
L_{32}^{I}			1.163^{***} (0.053)	
L_{33}^{I}				0.320^{***} (0.076)
L_{34}^{I}		0.119^{***} (0.040)	-0.143^{***} (0.046)	0.190^{**} (0.072)
截距项	$6.48e-18$ (0.113)	$-1.10e-18$ $(0.027\ 3)$	$1.07e-16$ (0.027)	$3.59e-17$ (0.048)
N	80	80	80	80

注:括号内为标准误,$*$ 表示 $p<0.1$, $**$ 表示 $p<0.05$, $***$ 表示 $p<0.01$。

对于机制一而言,同一城市流入上海及长三角其他城市的流动人口规模提升会显著促进它们之间的出行联系;同一城市流入上海及长三角其他城市的流动人口规模占其各自常住人口的比重的提升,对于上海与长三角城市之间的出行联系有抑制作用。上海及长三角其他城市的流动人口来源地结构相似程度的提升会抑制它们之间的出行联系。

对于机制二而言,上海(长三角城市)人口流入全国其他城市、全国其他城市人口流入长三角城市(上海)所产生的上海市和长三角城市之间的联系对于它们之间的出行联系没有显著影响。

对于机制三而言,上海及长三角其他城市流出至同一目的地城市的流动人口规模占迁入地的总流入人口比重、占流入地的常住人口比重的提升,也会促进上海和长三角城市之间的出行联系。

运用 OLS 模型分析浙江人口迁移对浙江城市与长三角城市之间出行联系的影响,回归结果见表 7.21。直接迁移的回归系数均不显著,这表明浙江与长三角其他城市之间的人口迁移对于出行联系的形成没有显著的直接影响。

表 7.21　浙江人口迁移对浙江与长三角其他城市之间出行联系的影响

	(1)	(2)	(3)	(4)
M_{si}	0.069 (0.193)			
M_{is}	−0.144 (0.182)			
L_{11}^{I}		0.135 *** (0.008)		
L_{12}^{I}			0.307 *** (0.060)	
L_{13}^{I}				7.288 *** (0.617)
L_{21}^{I}		0.026 (0.086)		
L_{22}^{I}			−0.048 (0.069)	
L_{23}^{I}				10.890 (6.985)

	(1)	(2)	(3)	(4)
L_{31}^{I}		−0.085		
		(0.068)		
L_{32}^{I}			0.883***	
			(0.056)	
L_{33}^{I}				−5.668
				(7.744)
N		440	440	440

注:括号内为标准误,* 表示 $p<0.1$,** 表示 $p<0.05$,*** 表示 $p<0.01$。

对于机制一而言,当浙江和长三角城市同作为人口流入地时,人口流入规模越大、流入人口占流入地总流入人口的比重越大、流入强度越大,浙江和长三角其他城市之间形成出行联系的概率就越大。

对于机制二而言,当浙江和长三角其他城市之间存在人口迁移中转城市时,各核心解释变量的指标均不显著,这表明浙江人口流出至全国其他城市,全国其他城市流入长三角地区对于浙江和长三角其他城市之间的出行网络的形成没有明显影响。

对于机制三而言,当浙江和长三角其他城市同作为人口流出地时,其流出人口分别占流入地总流入人口比重越大时,越有利于浙江和长三角城市之间出行网络的形成。

7.4 上海人口迁移对长三角其他城市间联系的影响

上海是长三角城市群中最为重要的中心城市,其在长三角城市网络中的枢纽地位突出,辐射作用明显,因此有必要进一步分析上海人口迁移对长三角其他城市间联系形成的影响,以明确"锚"城市在区域城市网络发展中的具体作用。

继续沿用"三元"框架进行分析,上海人口迁移对长三角其他城市间联系的影响存在以下三种机制(如图 7.5 所示):

机制一,长三角城市 i 和城市 j 通过上海的人口流向城市 i、城市 j 而产生联系。当上海的人口分别迁往其他两个长三角城市(城市 i、城市 j)时,由于上海流向城市 i 的人口和流向城市 j 的人口之间存在着一定程度的社会关系网络,在这部分人融入城市 i、城市 j 的社会网络中后,将在一定程度上连接城市 i 与城市 j 间的社会网络,从而促进城市 i 和城市 j 之间消费、出行联系的形成。概括来讲,这一机制反映的是上海作为来源地城市时,流动人口对于长三角其他城市之间的消费、出行等城市网络的影响。

机制二,城市 i 的人口流向上海、上海的人口流向城市 j,使得城市 i 和城市 j 产生消费、出行等联系。当城市 i 的人口流向上海、上海的人口流向城市 j 时,来自城市 i 的流动人口会逐渐融入上海的社会网络中,来自上海的流动人口也会逐渐融入城市 j 的原生居民的社会网络中。故城市 i 和城市 j 的人口会通过来自城市 i 和上海的流动人口加强两者间的了解,连接城市 i 和城市 j 的社会网络,促进城市 i 和城市 j 之间的消费、出行等联系。概括来讲,这一机制反映的是当上海作为中转型城市时,流动人口对于长三角其他城市之间的消费、出行等城市网络的影响。

机制三,城市 i 和城市 j 之间通过各自的人口均流向上海而产生消费、出行等联系。当城市 i、城市 j 的人口均流入上海时,这些流动人口在上海居留到一定时间后会形成社会网络,城市 i、城市 j 的人口会分别通过这些流动人口加强对城市 j、城市 i 的了解,从而连接城市 i 和城市 j 的社会网络,促进城市 i 和城市 j 之间消费、出行等联系的形成。概括来讲,这一机制反映的是上海作为目的地城市时,流动人口对于长三角其他城市之间的消费、人口出行等城市网络的影响。

（a）机制一

（b）机制二　　　　　　　　　（c）机制三

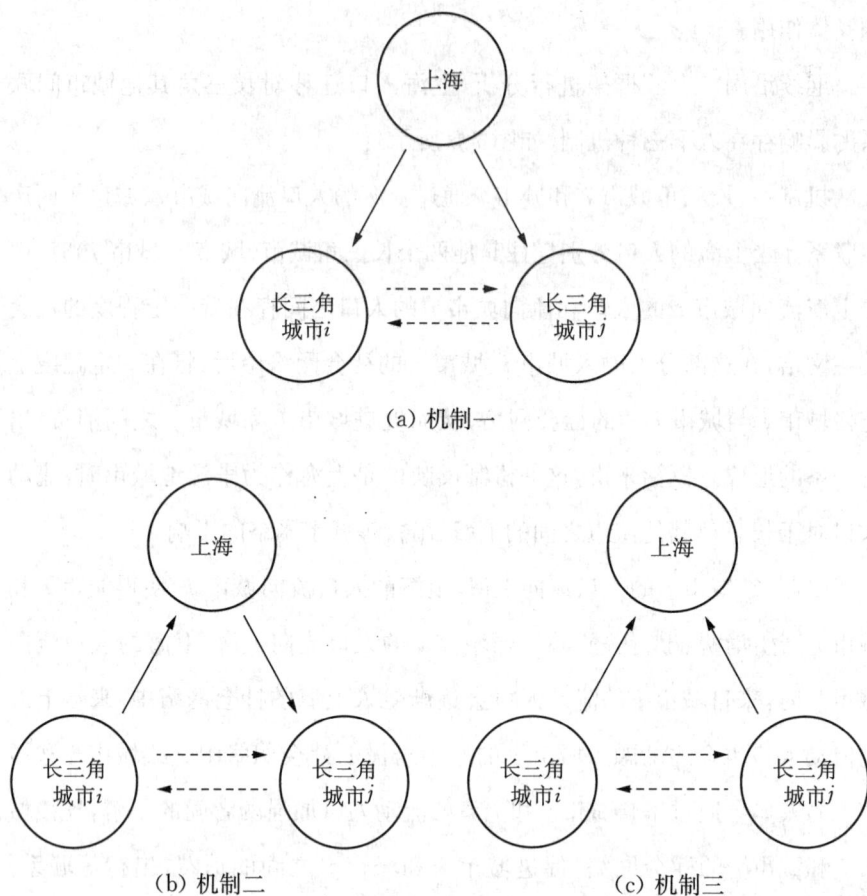

图 7.5　上海市人口迁移对长三角其他城市间联系的作用机制

　　上海市人口迁移对长三角其他城市间联系的作用机制指标的构造原理与上海市人口迁移对上海市与长三角其他城市间联系的作用机制指标的构造原理相似，此处不做赘述。具体指标见表 7.22。

　　由于以上机制所涉及的间接效应相对较多，数据的矩阵属性及其非独立性更强，因此本节采用 QAP（quadratic assignment procedure）模型来分析上海市人口流动对长三角其他城市间联系的影响机制。QAP 方法是一种非参数检验方法，该方法不要求数据独立性，而是通过置换检验（permutation

表 7.22　测度上海市人口迁移对长三角其他城市间联系的作用机制的指标

机制一^{II}	$L_{11}^{II} = \dfrac{M_{si} \cdot M_{sj}}{D_{ij}^2}$, $L_{12}^{II} = \dfrac{m_{si} \cdot m_{sj}}{D_{ij}^2}$, $L_{13}^{II} = \dfrac{p_{si} \cdot p_{sj}}{D_{ij}^2}$
机制二^{II}	$L_{21}^{II} = \dfrac{M_{is} \cdot M_{sj}}{D_{ij}^2}$, $L_{22}^{II} = \dfrac{m_{is} \cdot m_{sj}}{D_{ij}^2}$, $L_{23}^{II} = \dfrac{p_{is} \cdot p_{sj}}{D_{ij}^2}$
机制三^{II}	$L_{31}^{II} = \dfrac{M_{is} \cdot M_{js}}{D_{ij}^2}$, $L_{32}^{II} = \dfrac{m_{is} \cdot m_{js}}{D_{ij}^2}$, $L_{33}^{II} = \dfrac{p_{is} \cdot p_{js}}{D_{ij}^2}$

test)来估计回归系数的显著性,从而解决网络数据中普遍存在的自相关问题。QAP 相关分析方法用来研究两个矩阵是否相关,具体做法分三步:首先,计算两个矩阵构成的长向量之间的相关系数;其次,对其中一个矩阵的行和列同时进行随机的置换,计算置换后的矩阵与另一个矩阵的相关系数;最后,比较前两步得出的相关系数的分布,判断两个矩阵置换前所得的相关系数是否落入接受域,进而得出结果。QAP 回归分析方法则用来研究多个矩阵和一个矩阵之间的回归关系,做法分两步:首先,对自变量矩阵和因变量矩阵构成的长向量进行常规的多元回归分析;其次,对因变量矩阵的行和列同时进行随机置换后重新计算回归,保存所有的系数值以及判定系数 R^2 值。

　　运用 QAP 相关分析检验上海市人口迁移对长三角其他城市间联系的各作用机制的测度指标与消费网络的相关关系,分析结果见表 7.23。当上海作为长三角其他城市流动人口的来源地城市、中转型城市时,由流动人口规模、流动人口规模占流入地常住人口规模的比重所测度的人口迁移与长三角城市之间的消费联系网络均呈现显著的正向相关性;当上海作为流动人口的目的地城市时,仅由流动人口规模所测度的人口流动与长三角城市之间的消费联系网络呈现显著的正向相关性。机制一所反映的人口迁移与消费网络的相关性相比机制二、机制三更高。当上海作为流动人口来源地城市时,其指标 1、指标 3 与消费网络的相关系数较大,当上海作为流动人口的中转型城市时,其指标 1、指标 3 与消费网络的相关系数较小。

表 7.23 消费网络 QAP 相关分析结果

变 量	消费网络	
	相关系数	p 值
L_{11}^{II}	0.242	0.003
L_{12}^{II}	−0.020	0.392
L_{13}^{II}	0.154	0.023
L_{21}^{II}	0.135	0.015
L_{22}^{II}	0.030	0.176
L_{23}^{II}	0.100	0.031
L_{31}^{II}	0.065①	0.098
L_{32}^{II}	0.065	0.104
L_{33}^{II}	0.065	0.103

但无论上海是作为长三角其他城市的流动人口的来源地城市、中转型城市,还是目的地城市,由流出地流向流入地的人口规模占流入地总流入人口规模的比重所测度的人口流动与长三角城市之间的消费联系网络不存在显著相关性。

运用 QAP 回归模型分析上海人口迁移对于长三角其他城市间出行网络的影响。由表 7.24 可知,上海作为长三角其他城市流动人口来源地时,由流动人口规模、流动人口规模占流入地常住人口规模比重所反映的人口迁移会促进长三角城市之间消费网络的形成和发展;由流动人口规模占流入地总流入人口规模比重所反映的人口迁移在一定程度上会抑制长三角城市之间消费网络的形成和发展。结合模型估计结果可知,上海作为长三角其他城市流动人口来源地时,由流动人口规模、流动人口规模占流入地流动人

---

① 进行相关分析、回归分析时,我们对人口流动的各项测度指标和城市网络均采用了 Z-score 标准化。进行标准化后的指标回归结果不会改变各指标的相关性,但会改变其回归系数使其可比。由于机制三的指标 2 的计算结果等于指标 1 除以上海的总流入人口规模、指标 3 的计算结果等于指标 1 除以上海的常住人口规模,所以这三个指标的标准化结果的系数相同。

口规模的比重、流动人口规模占迁入地常住人口规模的比重所测度的人口迁移对于消费网络的回归系数均通过了显著性检验。

上海作为长三角其他城市流动人口目的地时，由流动人口占流入地总流入人口规模比重所反映的人口迁移均会促进长三角城市之间消费网络的形成和发展。

上海作为长三角其他城市流动人口的中转型城市时，上海人口迁移对于长三角城市之间消费网络的形成和发展不存在显著影响。

表 7.24　消费网络 QAP 回归模型估计结果

变量	(1) 消费网络	(2) 消费网络	(3) 消费网络
L_{11}^{II}	0.249***		
L_{12}^{II}		−0.128**	
L_{13}^{II}			0.165*
L_{21}^{II}	0.000		
L_{22}^{II}		0.032	
L_{23}^{II}			−0.032
L_{31}^{II}	−0.021		
L_{32}^{II}		0.124*	
L_{33}^{II}			0.035
N	1 560	1 560	1 560

注：* 表示 $p<0.1$，** 表示 $p<0.05$，*** 表示 $p<0.01$。

运用 QAP 相关分析检验上海人口迁移对长三角其他城市间联系的各作用机制与出行网络的相关关系，分析结果见表 7.25。当上海作为长三角其他城市流动人口的来源地城市、中转型城市、目的地城市时，由流动人口规模、流动人口规模占流入地总流入人口规模的比重、流动人口规模占流入地常住人口规模的比重这三种方式所测度的人口迁移均与长三角城市之间的出行网络呈现显著的正向相关性。由流动人口规模占流入地总流入人口规模所测度的人口迁移（指标 2）与出行网络的相关性相比指标 1、指标 3 更小，其与出行网络的相关系数明显低于后两个指标与城市网络的相关系数。机制一中指标 1、指标 3 与出行网络的相关性高于机制二中指标 1、指标 3 与出行网络的相关性；而机制二中指标 2 与出行网络的相关性高于机制一中指标 2 与出行网络的相关性。出行网络的 QAP 相关分析结果表明，上海市人口迁移对于长三角其他城市间的出行网络有一定的解释力。

表 7.25　出行网络 QAP 相关分析结果

变　量	出行网络	
	相关系数	p 值
L_{11}^{II}	0.406	0.000
L_{12}^{II}	0.092	0.031
L_{13}^{II}	0.364	0.000
L_{21}^{II}	0.326	0.000
L_{22}^{II}	0.174	0.003
L_{23}^{II}	0.300	0.000
L_{31}^{II}	0.275①	0.001
L_{32}^{II}	0.275	0.001
L_{33}^{II}	0.275	0.001

　　运用 QAP 回归模型分析上海人口迁移对于长三角其他城市间出行网络的影响。由表 7.26 可知，上海作为长三角其他城市流动人口的来源地城市、中转型城市、目的地城市时，其人口迁移均对长三角其他城市的出行网络的影响存在异质性。

　　当上海作为长三角其他城市流动人口的来源地城市时，由流动人口规

---

　　① 机制三的三个指标的相关系数相同的原因与消费网络中机制三的三个指标的相关系数相同的原因相同，故此处不再赘述。

模、流动人口规模占流入地常住人口规模的比重反映的人口迁移会促进长三角出行网络的形成和发展；由流动人口规模占流入地总流入人口规模的比重反映的人口迁移会抑制长三角出行网络的发展。

当上海市作为长三角其他城市流动人口的中转型城市时，由流动人口规模占流入地总流入人口规模的比重、流动人口规模占流入地常住人口规模的比重反映的人口迁移均会抑制长三角出行网络的发展。

当上海市作为长三角其他城市流动人口的目的地城市时，采用三种方式测度的上海市人口迁移均会促进长三角出行网络的形成和发展。

表 7.26　出行网络 QAP 回归模型估计结果

变　量	(1) 出行网络	(2) 出行网络	(3) 出行网络
L_{11}^{II}	0.346***		
L_{12}^{II}		−0.146***	
L_{13}^{II}			0.337***
L_{21}^{II}	0.020		
L_{22}^{II}		−0.033*	
L_{23}^{II}			−0.056*
L_{31}^{II}	0.141***		
L_{32}^{II}		0.399***	
L_{33}^{II}			0.206***
N	1 560	1 560	1 560

注：* 表示 $p<0.1$，** 表示 $p<0.05$，*** 表示 $p<0.01$。

7.5　本章小结

本章通过"三元"框架分析人口迁移对长三角城市网络的影响，主要发现：

首先，人口迁移显著促进了上海与长三角其他城市间的消费和出行联系，同迁移来源的同乡网络作用尤其明显，人口的流入主要促进了上海与其他中心城市的联系，而人口的流出则推动了长三角其他城市间网络的形成。此外，上海人口迁移对外围城市之间的出行联系起到促进作用，而对外围与中心城市之间的联系则存在替代效应。

其次，浙江的人口流入与流出均有助于增强浙江与长三角城市之间的消费和出行联系，推动浙江省更好地融入长三角城市网络。具体而言，浙江与长三角城市之间的人口迁移规模越大，越有利于形成消费联系；但对出行联系影响有限。当浙江和长三角城市同作为人口流入地时，外来人口的流入规模、占流入地总流入人口的比重及流入强度对双方形成出行和消费联系均起到积极作用。当两地之间存在迁移中转城市时，人口流入强度与规模显著促进了消费网络的形成，而对出行网络无明显影响。当浙江与长三角城市同作为人口流出地时，流出人口的比重越大，则越有利于双方形成消费与出行联系。

最后，为促进长三角城市网络发展，应该进一步放松户籍限制，吸引更多人口流入上海，大力促进长三角其他城市网络的形成与发展。上海应当完善积分落户政策，精简积分项目，赋予社会保险缴纳年限和居住年限更大的积分权重，推进户籍制度改革；上海应加快取消对稳定就业居住三年以上重点群体的落户限制，推动上海都市圈乃至长三角城市群内实现户籍准入年限同城化累计互认、居住证互通互认，完善居民户籍迁移便利化政策措施，进一步发挥城镇化促进劳动力和人才社会性迁移的作用，全面落实支持农业转移人口市民化的财政政策。

同时，上海应加快建立基本公共服务与常住人口挂钩机制，解决流入人口的医疗、教育、住房等民生问题，留住流入人口，继续发挥中心城市的辐射带动功能。完善流入人口子女在沪教育政策,实现义务教育阶段学校同步招生;扩大公办学校规模,缓解流入人口子女的就学压力;保障各类教育资源公平供给,公平解决流入人口子女受教育问题。优化上海医疗卫生资源配置,增加优质医疗资源供给,不断满足流入人口的健康需求;完善多层次医疗保障体系,深化医保支付方式改革,健全药品供应保障制度,完善上海与其他城市双向转诊医保互认制度,逐步实现流入人口在沪就医直接结算。健全商品房、人才住房及保障性住房协同发展机制,抑制房价过快上涨,降低流入人口在沪居住成本;并且快速推动人才住房建设,完善住房租赁市场管理体制机制,鼓励租房模式多元化发展,为流入上海的人才提供长期稳定且高质量的租赁住房。总的来说,上海应改善人居环境,使得上海成为宜业宜居宜游的生活乐园,从而让流入人口尤其是高学历人才可以安心长期留在上海工作生活。

此外,应继续推动长三角一体化发展,健全统一的人力资源市场体系,加快建立衔接协调的劳动力迁移政策体系和交流合作机制,增强上海市人口流出、流入活力,引领长三角地区消费、出行网络的进一步发展。以上海为核心,吸纳优质资源,激发经济发展活力,培育现代化上海市都市圈,从而带动长三角地区各城市发展;促进长三角各城市之间要素流动与产业分工集聚,完善各城市之间互联互通的交通网络,推动人员往来与产业联系;建立长三角区域人才双向交流机制,大力促进区域内人才的合理流动,实现各城市之间的深层合作和共赢发展;探索长三角区域合作协同机制新模式,鼓励上海与长三角各城市建立交通、产业、创新、市场、资源环境、公共服务等专项合作机制,分领域策划和推进具体合作事项及项目,有效构建长三角一体化格局。

综上所述,人口迁移在长三角城市群构建起复杂且多元的联系网络,成为推动城市网络动态发展的关键力量。人口迁移与城市网络发展密切相关、相互影响,共同推动区域城市体系的持续演变与发展,为城市规划、区域协同发展等提供了重要的理论与实践依据,优化人口政策与城市发展策略,能有效促进二者的良性互动与协同共进。

第8章 结 语

本书深入探讨了中国人口迁移的空间效应及其对城市群发展的影响，主要得出以下结论：

首先，中国省际人口迁移格局正在发生变化，呈现出更加均衡化的态势。省内人口迁移相较于省际迁移更加活跃。省会城市仍然是省内跨市迁移的主要流向地，而县际迁移的主要目的地仍然是本市其他区县。在这一背景下，城市群已经成为理解人口增减分化的关键单元。一二线城市成为主要人口集聚地，四五线城市则持续面临人口净流出的压力。珠三角、长三角等城市群表现出超常人口增长，而东北地区（如哈长城市群）以及长江中游和华北平原地区的部分城市群则面临人口持续负增长的风险。

第二，本书提出了一个城市群发展的多维分析框架，从基本条件、空间互动、城市层级三个维度出发，对比分析了全国主要城市群的发展阶段。研究表明，城市群的发展可以划分为都市区、都市区带和都市区网络三个阶段，并具有辐射、走廊和网络化三种发展结构。大多数城市群仍处于都市区的初始阶段，主要集中在中西部地区，而东部沿海地区的长三角、珠三角等城市群已进入较高阶段，呈现出更为复杂的网络化发展特征。

第三，从单一城市到一体化城市群的发展是一个渐进演化的过程，政府的政策应尊重城市与经济地理规律，而不应过度干预其发展方向。研究发现，部分城市群仍然缺乏必要的城市化水平或人口密度，难以真正形成城市群，如北部湾、兰西、哈长、宁夏沿黄、呼包鄂榆和天山北坡等城市群。此外，部分跨省城市群存在整合不足的问题，如长三角、长江中游城市群和关中城市群内部的协同发展仍面临诸多挑战。

第四，中国城市群的人口就近与远程城镇化区域特征差异明显。2小时阈值下，东部经济发达地区与西部内陆地区的远程城镇化更为强势，中部城市群的就近城镇化相较远程城镇化更加强势或相当，多数北方城市群的就近城镇化率贡献更高，南方城市群则多以远程城镇化的率贡献为主。《国家新型城镇化规划（2014—2020年）》虽然提出要在中西部地区促进就近城镇化的发展，但面对中西部地区城镇化发展区域差异的复杂性，必须认真调查研究，坚持"因地制宜"，根据各城市群实际情况选择"就近"还是"远程"的城镇化发展方向。

第五，本书探讨了城市群空间结构由单中心向多中心转变的过程中，人口与经济集聚的不同空间效应。研究发现，单中心向多中心的转变促进了人口与经济的空间溢出效应，而当城市群进入网络化深化阶段，人口与经济的交叉互动效应更加显著。这表明，人口迁移不仅影响城市群的内部结构，还推动区域经济网络的重组，进而影响城市群的发展模式。通过对长三角、京津冀、珠三角三大城市群的实证分析发现，长三角城市群的人口净流入与经济增长之间的空间溢出效应最为显著，但同时也存在一定的经济增长对人口的虹吸效应，表明其内部竞争与合作并存。而京津冀城市群虽然也存在人口流入的空间溢出效应，但经济增长的空间溢出效应不明显，且存在显著的经济增长对人口流入的驱逐效应，表明其人口与经济集聚仍处于过度集中状态。珠三角城市群则表现出人口流入的空间溢出效应,但经济增长的空间溢出效应不明显,经济增长对人口流入的虹吸效应较强,表明城市群内部的城市间存在较强的竞争关系。

第六,以长三角城市群为例,本书进一步探讨了人口迁移对城市群网络化的影响。研究发现,长三角城市群的人口迁移网络呈现中心-外围结构,外向型城市集中在苏北地区和安徽部分城市,而内向型城市主要包括上海、苏南和浙北地区的部分城市。人口迁移在长三角区域消费和出行网络的形成中发挥了重要的作用,其中,上海在长三角人口迁移网络中处于核心节点,其人口流入增强了上海与其他中心城市的联系,而人口流出则加强了长三角非中心城市之间的互动。消费网络和出行网络的分析表明,上海在长三角区域的消费和出行联系中发挥了重要的枢纽作用,进一步强化了长三角城市群的空间网络化特征。这表明,核心城市在推动城市群网络化发展过程中扮演着重要角色,通过优化核心城市的功能布局,可以进一步提升城市群的整体竞争力。

第七,自上而下的城市群规划应符合结合自下而上的经济发展规律。处于初级阶段的中西部地区可优先考虑完善都市圈的发展规划,在更小空间范围内发挥核心城市对周边城市的带动作用;对于长三角和珠三角城市群而言,可以进一步扩大其开放程度,探索大中小城市全面一体化以及县域经济的产业升级,破除要素流动壁垒、避免城市间的无效竞争是核心抓手;京津冀城市群则应进一步弱化北京因其政治中心地位所带来的虹吸效应,拓展河北各城市的经济发展机会,提升其经济活力。

尽管本书的研究对中国城市群及人口迁移问题进行了深入探讨,但仍有许多值得进一步研究的方向。首先,未来研究可进一步关注城市群内部人口迁移的长期趋势,结合更长时间尺度的数据,分析人口迁移对城市群发展的累积效应。其次，可以结合大数据和多源流动数据，对城市群内部不同人口群体的迁移模式和行为进行更加精细的分析。此外，未来研究还可以探讨人口迁移对城市群经济增长、产业结构调整和住房市场的长期影响，进一步分析人口迁移对区域经济发展的贡献路径。最后，国际比较研究也是一个重要方向，可以借鉴欧美发达国家的城市群发展经验，对比不同城市群发展模式的成因及其对人口迁移的影响，为中国城市群未来发展提供更有针对性的政策建议。

参考文献

白永平、周鹏、武荣伟、周亮、张钦:《中国地级及以上城市人口流动对城镇化效应分析》,《干旱区资源与环境》2016年第9期。

柏桐、马胜春、钱小宇、魏传华:《基于普查数据的中国省际人口迁移网络演化分析》,《中央民族大学学报(自然科学版)》2024年第2期。

才国伟、钱金保:《解析空间相关的来源:理论模型与经验证据》,《经济学》(季刊)2013年第3期。

蔡昉:《如何让新型城镇化走得更远》,《中国房地产报》2018年第32期。

蔡昉、都阳、王美艳:《户籍制度与劳动力市场保护》,《经济研究》2001年第12期。

曹诗颂、胡德勇、赵文吉、陈姗姗、程庆文:《不透水地表盖度视角下中美城市群空间结构对比——以"京津冀"与"波士华"为例》,《地理学报》2017年第6期。

曾鹏、向丽:《农业转移人口就近城镇化意愿的地区差异》,《人口与经济》2017年第4期。

曾永明、张利国:《新经济地理学框架下人口分布对经济增长的影响效应——全球126个国家空间面板数据的证据:1992—2012》,《经济地理》2017年第10期。

陈刚强、李郇、许学强:《中国城市人口的空间集聚特征与规律分析》,《地理学报》2008年第10期。

陈群元、喻定权:《我国城市群发展的阶段划分、特征与开发模式》,《现代城市研究》2009年第2期。

陈守强、黄金川:《城市群空间发育范围识别方法综述》,《地理科学进展》2015年第3期。

陈伟、刘卫东、柯文前、王女英:《基于公路客流的中国城市网络结构与空间组织模式》,《地理学报》2017年第2期。

陈伟、修春亮:《新时期城市群理论内涵的再认知》,《地理科学进展》2021年第5期。

陈维肖、刘玮辰、段学军:《基于"流空间"视角的铁路客运空间组织分析——以长三角城市群为例》,《地理研究》2020 年第 10 期。

但俊、阴劼:《中国县内人口流动与就地城镇化》,《城市发展研究》2016 年第 9 期。

董超、修春亮、魏冶:《基于通信流的吉林省流空间网络格局》,《地理学报》2014 年第 4 期。

豆晓、ARELLANO Blanca、ROCA Josep:《基于相互作用关系的中国省际人口流动研究》,《地理研究》2018 年第 9 期。

段成荣、刘涛、吕利丹:《当前我国人口流动形势及其影响研究》,《山东社会科学》2017 年第 9 期。

方创琳:《城市群空间范围识别标准的研究进展与基本判断》,《城市规划学刊》2009 年第 4 期。

方创琳:《中国城市群形成发育的新格局及新趋向》,《地理科学》2011 年第 9 期。

方创琳:《中国城市群研究取得的重要进展与未来发展方向》,《地理学报》2014 年第 8 期。

方创琳、刘海燕:《快速城市化进程中的区域剥夺行为与调控路径》,《地理学报》2007 年第 8 期。

方创琳、宋吉涛、张蔷、李铭:《中国城市群结构体系的组成与空间分异格局》,《地理学报》2005 年第 5 期。

方创琳、王振波、马海涛:《中国城市群形成发育规律的理论认知与地理学贡献》,《地理学报》2018 年第 4 期。

方创琳、张国友、薛德升:《中国城市群高质量发展与科技协同创新共同体建设》,《地理学报》2021 年第 12 期。

费孝通:《论小城镇及其他》,天津人民出版社 1986 年版。

冯长春、谢旦杏、马学广、蔡莉丽:《基于城际轨道交通流的珠三角城市区域功能多中心研究》,《地理科学》2014 年第 6 期。

封志明、唐焰、杨艳昭、张丹:《中国地形起伏度及其与人口分布的相关性》,《地理学报》2007 年第 10 期。

葛宝琴:《城市化、集聚增长与中国区域经济协调发展》,浙江大学 2010 年博士学位论文。

辜胜阻、易善策、李华:《中国特色城镇化道路研究》,《中国人口·资源与环境》,2009 年第 1 期。

古恒宇、沈体雁:《1995—2015 年中国省际人口迁移网络的演化特征——基于异质性劳动力视角》,《地理研究》2021 年第 6 期。

古恒宇、沈体雁、刘子亮、孟鑫:《基于空间滤波方法的中国省际人口迁移驱动因素》,《地理学报》2019 年第 2 期。

顾朝林、庞海峰:《建国以来国家城市化空间过程研究》,《地理科学》2009 年第 1 期。

顾浩、劳晓、文峰、赵志强:《2000—2020 年中国省际人口迁移的时空格局与影响因素》,《地理学报》2022 年第 12 期。

官卫华、姚士谋:《城市群空间发展演化态势研究——以福厦城市群为例》,《现代城市研究》2003 年第 2 期。

　　国家统计局:《2016 年农民工监测调查报告》,国家统计局官方网站,https://www.stats.gov.cn/sj/zxfb/202302/t20230203_1899495.html。

　　胡小武:《人口"就近城镇化":人口迁移新方向》,《西北人口》2011 年第 1 期。

　　韩靓:《珠三角城市群人口城市化特征及机制演化——兼与长三角、京津冀城市群比较分析》,《深圳社会科学》2019 年第 4 期。

　　黄金川、陈守强:《中国城市群等级类型综合划分》,《地理科学进展》2015 年第 3 期。

　　黄鹏进:《"半城半乡"与农民的就近城镇化模式》,《治理研究》2019 年第 5 期。

　　黄晓东、马海涛、苗长虹:《基于创新企业的中国城市网络联系特征》,《地理学报》2021 年第 4 期。

　　简新华:《论农村工业化与城市化的适度同步发展》,《经济学动态》1997 年第 7 期。

　　蒋海兵、祁毅、李传武:《中国城市高速铁路客运的空间联系格局》,《经济地理》2018 年第 7 期。

　　蒋小荣、汪胜兰:《中国地级以上城市人口流动网络研究——基于百度迁徙大数据的分析》,《中国人口科学》2017 年第 2 期。

　　焦敬娟、王姣娥、金凤君、王涵:《高速铁路对城市网络结构的影响研究——基于铁路客运班列分析》,《地理学报》2016 年第 2 期。

　　柯善咨:《中国城市与区域经济增长的扩散回流与市场区效应》,2009 年第 8 期。

　　柯善咨:《中国中西部发展中城市的增长极作用》,《地理研究》2010 年第 3 期。

　　柯善咨、赵曜:《产业结构、城市规模与中国城市生产率》,《经济研究》2014 年第 4 期。

　　寇小萱,孙艳丽:《基于数据包络分析的我国科技园区创新能力评价——以京津冀、长三角和珠三角地区为例》,《宏观经济研究》2018 年第 1 期。

　　劳昕、沈体雁:《中国地级以上城市人口流动空间模式变化——基于 2000 和 2010 年人口普查数据的分析》,《中国人口科学》2015 年第 1 期。

　　李果:《京津冀上市公司市值高,珠三角制造强,长三角协同好》,《21 世纪经济报道》2019 年 5 月 29 日。

　　李国平、孙铁山:《网络化大都市:城市空间发展新模式》,《城市发展研究》2013 年第 5 期。

　　李佳洺、张文忠、孙铁山、张爱平:《中国城市群集聚特征与经济绩效》,《地理学报》2014 年第 4 期。

　　李健、屠启宇:《农村人口结构变迁与新型城镇化道路选择》,《江海学刊》2015 年第 4 期。

　　李美琦:《中国三大城市群空间结构演变研究》,吉林大学 2018 年博士学位论文。

　　李强:《就近城镇化与就地城镇化》,《北京日报》2019 年 2 月 25 日。

　　李强、陈振华、张莹:《就近城镇化与就地城镇化》,《广东社会科学》2015 年第 1 期。

　　李强、陈振华、张莹:《就近城镇化模式研究》,《广东社会科学》2017 年第 4 期。

　　李荣彬、王国辉:《省际省内流动人口的分布、关联及影响因素》,《城市问题》2016 年第 10 期。

李铁：《李铁：中国的城市和国外城市的区别？｜城市百问》，微信公众号"中国城市中心"2019年2月2日。

李仙德：《基于上市公司网络的长三角城市网络空间结构研究》，《地理科学进展》2014年第12期。

李小建、樊新生：《欠发达地区经济空间结构及其经济溢出效应的实证研究——以河南省为例》，《地理科学》2006年第1期。

李扬、刘慧、汤青：《1985—2010年中国省际人口迁移时空格局特征》，《地理研究》2015年第6期。

连蕾：《我国人口迁移过程中的空间效应实证研究》，《人口与经济》2016年第2期。

廖永伦：《基于农村就地城镇化视角的小城镇发展研究》，清华大学2016年博士学位论文。

刘秉镰、高子茗：《城市群空间结构视角下中国式城镇化的内涵、机制与路径》，《西安交通大学学报（社会科学版）》2023年第4期。

刘承良、管明明：《基于专利转移网络视角的长三角城市群城际技术流动的时空演化》，《地理研究》2018年第5期。

刘大伟、蒲英霞、王结臣、马劲松、陈刚：《基于基尼系数的中国省际人口迁移流空间集中性特征分析》，《西北师范大学学报（自然科学版）》2016年第1期。

刘佳、吴晋峰、吴宝清、吴玉娟：《中国人距离远近的感知标准及群体差异》，《人文地理》2015年第6期。

刘可文、袁丰、潘坤友：《长江三角洲不同所有制企业空间组织网络演化分析》，《地理科学》2017年第5期。

刘荣增：《我国城镇密集区发展演化阶段的划分与判定》，《城市规划》2003年第9期。

刘士林：《从大都市到城市群：中国城市化的困惑与选择》，《江海学刊》2012年第5期。

刘涛、齐元静、曹广忠：《中国流动人口空间格局演变机制及城镇化效应——基于2000和2010年人口普查分县数据的分析》，《地理学报》2015年第4期。

刘涛、韦长传、仝德：《人力资本、社会支持与流动人口社会融入——以北京市为例》，《人口与发展》2020年第2期。

刘乃全、邓敏：《多中心结构模式与长三角城市群人口空间分布优化》，《产业经济评论》2018年第4期。

陆铭：《大国大城：当代中国的统一、发展与平衡》，上海人民出版社2016年版。

陆文聪、谢昌财：《社会关系、信息网络对新农民工收入的影响——基于熵均衡法的实证分析》，《中国人口科学》2017年第4期。

马双、曾刚：《网络视角下中国十大城市群区域创新模式研究》，《地理科学》2019年第6期。

马学广、李鲁奇：《中国城市网络化空间联系结构——基于银行网点数据的研究》，《地理科学进展》2017年第4期。

马学广、唐承辉：《中国城市网络化空间联系与格局——基于高铁客运流的大数据分析》,《经济地理》2018 年第 4 期。

米瑞华、高向东:《中国西北地区人口分布影响因素的空间计量分析》,《人口与经济》2019 年第 4 期。

苗洪亮,周慧:《中国三大城市群内部经济联系和等级结构的比较——基于综合引力模型的分析》,《经济地理》2017 年第 6 期。

宁越敏:《中国都市区和大城市群的界定——兼论大城市群在区域经济发展中的作用》,《地理科学》2011 年第 3 期。

牛方曲、刘卫东、宋涛、胡志丁:《城市群多层次空间结构分析算法及其应用——以京津冀城市群为例》,《地理研究》2015 年第 8 期。

潘丽华:《就地城镇化问题研究述评》,《内蒙古财经大学学报》2020 年第 3 期。

潘文卿:《中国的区域关联与经济增长的空间溢出效应》,《经济研究》2012 年第 1 期。

邱坚坚、刘毅华、陈浩然、高枫:《流空间视角下的粤港澳大湾区空间网络格局——基于信息流与交通流的对比分析》,《经济地理》2019 年第 6 期。

任远、邬民乐:《城市流动人口的社会融合:文献述评》,《人口研究》2006 年第 3 期。

盛广耀:《城市群区域人口变动的时空演化模式——来自京津冀地区的证据》,《城市与环境研究》2018 年第 2 期。

盛广耀:《中国省际人口流动网络的演化及其解释》,《中国人口·资源与环境》2018 年第 11 期。

宋迎昌、倪艳亭:《我国城市群一体化发展测度研究》,《杭州师范大学学报(社会科学版)》2015 年第 5 期。

孙斌栋、丁嵩:《大城市有利于小城市的经济增长吗?——来自长三角城市群的证据》,《地理研究》2016 年第 9 期。

孙斌栋、华杰媛、李琬、张婷麟:《中国城市群空间结构的演化与影响因素——基于人口分布的形态单中心——多中心视角》,《地理科学进展》2017 年第 10 期。

孙坚强、缪旖璇、张世泽:《粤港澳大湾区的科技创新与经济增长》,《华南理工大学学报(社会科学版)》2019 年第 3 期。

孙久文、周玉龙:《城乡差距、劳动力迁移与城镇化——基于县域面板数据的经验研究》,《经济评论》2015 年第 2 期。

孙铁山,王兰兰,李国平:《北京都市区人口-就业分布与空间结构演化》,《地理学报》2012 年第 6 期。

孙阳、姚士谋、张落成:《中国沿海三大城市群城市空间网络拓展分析——以综合交通信息网络为例》,《地理科学》2018 年第 6 期。

石明、孙岩、王春、张志强:《基于产业链空间网络的京津冀城市群功能协同分析》,《地理研究》2022 年第 12 期。

田盼盼、朱宇、林李月、张苏北:《省际与省内流动人口空间分布及其影响因素的差异——以福建省为例》,《人口学刊》2015 年第 6 期。

唐锦玥、张维阳、王逸飞:《长三角城际日常人口移动网络的格局与影响机制》,《地理研究》2020 年第 5 期。

汪彬：《国内外城市群理论发展演进及研究动向》，《区域经济评论》2018 年第 1 期。

汪增洋、李刚：《中部地区县域城镇化动力机制研究——基于中介效应模型的分析》，《财贸研究》2017 年第 4 期。

王波、甄峰、张浩：《基于签到数据的城市活动时空间动态变化及区划研究》，《地理科学》2015 年第 2 期。

王桂新：《改革开放以来中国人口迁移发展的几个特征》，《人口与经济》2004 年第 4 期。

王桂新：《城市化基本理论与中国城市化的问题及对策》，《人口研究》2013 年第 6 期。

王桂新、黄祖宇：《中国城市人口增长来源构成及其对城市化的贡献：1991—2010》，《中国人口科学》2014 年第 2 期。

王桂新、潘泽瀚：《我国流动人口的空间分布及其影响因素——基于第六次人口普查资料的分析》，《现代城市研究》2013 年第 3 期。

王桂新、潘泽瀚：《中国人口迁移分布的顽健性与胡焕庸线》，《中国人口科学》2016 年第 1 期。

王桂新、潘泽瀚、陆燕秋：《中国省际人口迁移区域模式变化及其影响因素——基于 2000 和 2010 年人口普查资料的分析》，《中国人口科学》2012 年第 5 期。

王景全：《中西部欠发达地区就近城镇化研究——以河南省民权县为例》，《中州学刊》2014 年第 11 期。

王婧、方创琳：《中国城市群发育的新型驱动力研究》，《地理研究》2011 年第 2 期。

王珏、陈雯、袁丰：《基于社会网络分析的长三角地区人口迁移及演化》，《地理研究》2014 年第 2 期。

王丽、邓羽、牛文元：《城市群的界定与识别研究》，《地理学报》2013 年第 8 期。

王曼：《县域经济发展动力机制与发展模式研究》，华东师范大学 2006 年硕士学位论文。

王宁：《中国人口迁移的变化趋势及空间格局》，《城市与环境研究》2016 年第 1 期。

王少剑、高爽、王宇渠：《基于流空间视角的城市群空间结构研究——以珠三角城市群为例》，《地理研究》2019 年第 8 期。

王双玲：《日本大都市圈的产业转移与地域演化》，东北师范大学 2007 年博士学位论文。

王小鲁、樊纲、胡李鹏：《中国分省份市场化指数报告（2018）》，社会科学文献出版社 2019 年版。

王小鲁、夏小林：《优化城市规模　推动经济增长》，《经济研究》1999 年第 9 期。

王洋、方创琳、王振波：《中国县域城镇化水平的综合评价及类型区划分》，《地理研究》2012 年第 7 期。

温锋华、古恒宇、许志斌：《中国省际人口迁移网络结构及时空演化》，《经济地理》2022 年第 6 期。

文超、詹庆明、刘达等：《基于有向转变中心性与控制力的长三角城市网络空间结构分析》，《地理科学》2021 年第 6 期。

　　吴康、方创琳、赵渺希:《中国城市网络的空间组织及其复杂性结构特征》,《地理研究》2015 年第 4 期。

　　吴雪萍、赵果庆:《中国城市人口集聚分布——基于空间效应的研究》,《人文地理》2018 年第 2 期。

　　肖金成:《我国城市群的发展阶段与十大城市群的功能定位》,《改革》2009 年第 9 期。

　　徐姗、邓羽、王开泳:《中国流动人口的省际迁移模式、集疏格局与市民化路径》,《地理科学》2016 年第 11 期。

　　许学强、周一星、宁越敏:《城市地理学》,高等教育出版社 2009 年版。

　　许学强、朱剑:《现代城市地理学》,中国建筑工业出版社 1988 年版。

　　颜咏华、郭志仪:《中国人口流动迁移对城市化进程影响的实证分析》,《中国人口·资源与环境》2015 年第 10 期。

　　杨传开:《中国多尺度城镇化的人口集聚与动力机制》,华东师范大学 2016 年博士学位论文。

　　杨传开、宁越敏:《中国省际人口迁移格局演变及其对城镇化发展的影响》,《地理研究》2015 年第 8 期。

　　杨柳青青:《产业格局、人口集聚、空间溢出与中国城市生态效率》,华中科技大学 2017 年博士学位论文。

　　姚世谋、陈振光、朱英明:《中国城市群》,中国科学技术大学出版社 2006 年版。

　　姚先国、刘湘敏:《劳动力流迁决策中的迁移网络》,《浙江大学学报(人文社会科学版)》2002 年第 4 期。

　　余运江、高向东:《中国流动人口空间分布格局与集聚状况研究——基于地级区域的视角》,《南方人口》2016 年第 5 期。

　　袁朱:《川渝城市群发展趋势研究》,《经济研究参考》2014 年第 26 期。

　　甄峰、王波、陈映雪:《基于网络社会空间的中国城市网络特征——以新浪微博为例》,《地理学报》2012 年第 8 期。

　　臧玉珠、周生路、周兵兵、吴滢滢:《1995—2010 年中国省际人口迁移态势与空间格局演变——基于社会网络分析的视角》,《人文地理》2016 年第 4 期。

　　张国俊、黄婉玲、周春山、曹永旺:《城市群视角下中国人口分布演变特征》,《地理学报》2018 年第 8 期。

　　张国俊、王运喆、陈宇、周春山:《中国城市群高质量发展的时空特征及分异机理》,《地理研究》2022 年第 8 期。

　　张可:《经济集聚与区域创新的交互影响及空间溢出》,《金融研究》2019 年第 5 期。

　　张苏文、杨青山:《哈长城市群核心-外围结构及发展阶段判断研究》,《地理科学》2018 年第 10 期。

　　张伟丽、郝智娟、王伊斌、魏瑞博:《城市群人口流动空间网络及影响因素》,《地理科学》2023 年第 1 期。

　　张耀军、岑俏:《中国人口空间流动格局与省际流动影响因素研究》,《人口研究》2014 年第 5 期。

赵春燕：《人口结构的区域经济增长效应比较研究——基于空间杜宾模型的实证分析》，《人口与发展》2019 年第 1 期。

赵渺希、黎智枫、钟烨、DERUDDER Ben：《中国城市群多中心网络的拓扑结构》，《地理科学进展》2016 年第 3 期。

赵维良、王呈慧：《中国城市群多中心性研究》，《大连海事大学学报（社会科学版）》2014 年第 2 期。

周灿、曾刚、宓泽锋、鲜果：《区域创新网络模式研究——以长三角城市群为例》，《地理科学进展》2017 年第 7 期。

周灿、曾刚、宓泽锋：《中国城市群技术知识单中心与多中心探究》，《地理研究》2019 年第 2 期。

周克昊、刘艳芳、谭荣辉：《长江中游城市群综合发展水平时空分异研究》，《长江流域资源与环境》2014 年第 11 期。

周晓波、倪鹏飞：《城市群体系的规模分布结构及其经济增长效应》，《社会科学研究》2018 年第 2 期。

周一星：《城市体系规模结构分析的两个误区》，《城市规划》1995 年第 2 期。

周一星、张莉：《改革开放条件下的中国城市经济区》，《地理学报》2003 年第 2 期。

朱杰：《长江三角洲人口迁移空间格局、模式及启示》，《地理科学进展》2009 年第 3 期。

朱宇、余立、林李月、董洁霞：《两代流动人口在城镇定居意愿的代际延续和变化——基于福建省的调查》，《人文地理》2012 年第 3 期。

Abreu, M., De Groot, H. L. F. and Florax, R. J. G. M., 2005, "Space and Growth: A Survey of Empirical Evidence and Methods", *SSRN Electronic Journal*, (21), 13—43.

Anselin, L. and Bera, A. K., 1998, *Handbook of Applied Economic Statistics*, 1st ed, CRC Press, Vol.155, 237—289.

Anselin, L., Florax, R. and Rey, S. J., 2013, *Advances in Spatial Econometrics: Methodology, Tools and Applications*, Springer Science and Business Media.

Batten, D. F., 1995, "Network Cities: Creative Urban Agglomerations for the 21st Century", *Urban Studies*, 32, 313—327.

Berry, B. J. L., 1970, "Cities As Systems Within Systems of Cities", in Bourne, L. S. (Ed.), *Internal Structure of the City: Readings on Space and Environment*, Oxford University Press.

Bo, S. and Cheng, C., 2021, "Political Hierarchy and Urban Primacy: Evidence from China", *Journal of Comparative Economics*, 49(4), 933—946.

Bilecen, B. and Lubbers, M. J., 2021, "The Networked Character of Migration and Transnationalism", *Global Networks*, 21(4), 837—852.

Blaut, J. M., 1962, "Object and Relationship", *The Professional Geographer*, 14(6), 1—7.

Button, K. J., *Urban economics: Theory and Policy*, 1976, Springer.

Butts, C. T., 2009, "Revisiting the Foundations of Network Analysis", *Science*, 325(5939), 414—416.

Byers, A. L., Allore, H., Gill, T. M. and Peduzzi, P. N., 2003, "Application of Negative Binomial Modeling for Discrete Outcomes: A Case Study in Aging Research", *Journal of Clinical Epidemiology*, 56(6), 559—564.

Cao, Z., Zheng, X., Liu, Y., Li, Y. and Chen, Y., 2018, "Exploring the Changing Patterns of China's Migration and Its Determinants Using Census Data of 2000 and 2010", *Habitat International*, 82, 72—82.

Camagni, R. and Capello, R., 2004, "The City Network Paradigm: Theory and Empirical Evidence", in *Urban Dynamics and Growth: Advances in Urban Economics*, Emerald Publishing Limited, 495—529.

Camagni, R., Stabilini, S. and Diappi, L., 1994, "City Networks in the Lombardy Region: An Analysis in Terms of Communication Flows", *Flux*, 10(15), 37—50.

Castells, M., 1989, *The Informational City: Information Technology, Economic Restructuring, and the Urban-Regional Process*, Blackwell.

Carlino, G. and Kerr, W. R., 2015, "Agglomeration and Innovation", *Handbook of Regional and Urban Economics*, 5, 349—404.

Chan, K., T. Liuand Y. Yang, 1999,"Hukou and Non-hukou Migrations in China: Comparisons and Contrasts", *International Journal of Population Geography*, 5, 425—448.

Chao, H., Ma, X., and Li, G., 2014, "Characteristics and Changes of the Polycentric Spatial Structure in the Pearl River Delta Region", *Areal Research and Development*.

Chen, X., 2007, "A Tale of Two Regions in China: Rapid Economic Development and Slow Industrial Upgrading in the Pearl River and the Yangtze River Deltas", *International Journal of Comparative Sociology*, 48(2—3), 167—201.

Chen, W., Golubchikov, O. and Liu, Z., 2021, "Measuring Polycentric Structures of Megaregions in China: Linking Morphological and Functional Dimensions", *Environment Planning B: Urban Analytics City Science*, 48(8), 2272—2288.

Choi, J. H., Barnett, G. A. and Chon, B., 2006, "Comparing World City Networks: A Network Analysis of Internet Backbone and Air Transport Intercity Linkages", *Global Networks*, 6(1), 81—99.

Dai, L., Derudder, B. and Liu, X., 2016, "Generative Network Models for Simulating Urban Networks: The Case of Inter-City Transport Network in Southeast Asia", *Cybergeo: European Journal of Geography*.

Davis, K. F., D'Odorico, P., Laio, F. et al., 2013, "Global Spatio-Temporal Patterns in Human Migration: A Complex Network Perspective", *PLoS One*, 8(1), e53723.

De Goei, B., M. J. Burger, F. G. Van Oortand M. Kitson, 2010, "Functional Polycentrism and Urban Network Development in the Greater South East, United Kingdom: Evidence from Commuting Patterns, 1981—2001", *Regional Studies*, 44, 1149—1170.

Demuynck, W., Zhang, W., Caset, F. and Derudder, B., 2023, "Urban Co-opetition in Megaregions: Measuring Competition and Cooperation Within and Beyond the Pearl River Delta", *Computers, Environment and Urban Systems*, 101, 101951.

Derudder, B., and Witlox, F., 2005, "An Appraisal of the Use of Airline Data in Assessing the World City Network: A Research Note on Data", *Urban Studies*, 42(13), 2371—2388.

Entwisle, B., Faust, K., Rindfuss, R. R. et al., 2007, "Networks and Contexts: Variation in the Structure of Social Ties", *American Journal of Sociology*, 112(5), 1495—1533.

Epstein, G. S., 2008, "Herd and Network Effects in Migration Decision-Making", *Journal of Ethnic and Migration Studies*, 34(4), 567—583.

Fagiolo, G. and Mastrorillo, M., 2014, "Does Human Migration Affect International Trade? A Complex-Network Perspective", *PLoS ONE*, 9(5), e97331.

Fang, C. and D. Yu, 2017, "Urban Agglomeration: An Evolving Concept of An Emerging Phenomenon", *Landscape and Urban Planning*, 162, 126—136.

Friedmann, J., 1969, *A General Theory of Polarized Development*, UT Press.

Fujita, M., 1999, "Location and Space-Economy at Half a Century: Revisiting Professor Isard's Dream on the General Theory", *The Annals of Regional Science*, 33(4), 371—381.

Fujita, M., Krugman, P. R. and Venables, A., 2001, *The Spatial Economy: Cities, Regions, and International Trade*, MIT press.

Garas, A., Lapatinas, A. and Poulios, K., 2017, "The Relation Between Migration and FDI in the OECD from a Complex Network Perspective", *Advances in Complex Systems*, 19(06n07), 1650009.

Geddes, P., 1915, *Cities in Evolution: An Introduction to the Town Planning Movement and to the Study of Civics*, Williams and Norgate.

Gottmann, J., 1961, *Megalopolis: The Urbanized Northeastern Seaboard of the United States*, The Twentieth Century Fund.

Gu, H., Liu, Z., Shen, T. and Meng, X., 2019, "Modelling Interprovincial Migration in China from 1995 to 2015 Based on an Eigenvector Spatial Filtering Negative Binomial model", *Population, Space and Place*, 25(8), e2253.

Guan, M., Wu, S. and Liu, C., 2022, "Comparing China's Urban Aviation and Innovation Networks", *Growth and Change*, 53(1), 470—486.

Guimera, R., Mossa, S., Turtschi, A. et al., 2005, "The Worldwide Air Transportation Network: Anomalous Centrality, Community Structure, and Cities' Global Roles", *PNAS*, 102(22), 7794.

Guo, J. and Sun, Z., 2023, "How Does Manufacturing Agglomeration Affect High-quality Economic Development in China?", *Economic Analysis and Policy*, 78, 673—691.

Haggett, P. and Cliff, A. D., 1977, *Locational Models*, Edward Amold Ltd.

Harris, J. R. and Todaro, M. P., 1970, "Migration, Unemployment and Development: A Two-Sector Analysis", *The American Economic Review*, 60(1), 126—142.

Heikkila, E. J., 1996, "Are municipalities Tieboutian clubs?", *Regional Science and Urban Economics*, 26(2), 203—226.

Henderson, J. V., 1997, "Externalities and Industrial Development", *Journal of Urban Economics*, 42(3), 449—470.

Hirschman, A. O., 1958, *The Strategy of Economic Development*, Yale University Press.

Hu, X., Wang, C., Wu, J. et al., 2020, "Understanding Interurban Networks from a Multiplexity Perspective", *Cities*, 99, 102625.

Johnson, D. G., 2003, "Provincial Migration in China in the 1990s", *China Economic Review*, 14(1), 22—31.

John A. Agnew and David N. Livingstone, 2011, *The SAGE Handbook of Geographical Knowledge*, 1st ed, SAGE Publications Ltd, 316—331.

Kang, J., Xu, W., Yu, L. and Ning, Y., 2020, "Localization, Urbanization and Globalization: Dynamic Manufacturing Specialization in the YRD Mega-city Conglomeration", *Cities*, 99, 102641.

Kelejian, H. H., Prucha, I. R. and Yuzefovich, Y., 2004, "Instrumental Variable Estimation of a Spatial Autoregressive Model with Autoregressive Disturbances: Large and Small Sample Results", in *Spatial and Spatiotemporal Econometrics*, Emerald Group Publishing Limited.

Krugman, P. R., 1991, "History and Industry Location: The Case of the Manufacturing Belt", *The American Economic Review*, 81(2), 80—83.

Krugman, P. R., 1991, "Increasing Returns and Economic Geography", *Journal of Political Economy*, 99(3), 483—499.

Krugman, P. R. and Venables, A. J., 1995, "Globalization and the Inequality of Nations", *The Quarterly Journal of Economics*, 110(4), 857—880.

Lan, F., H. Da, H. Wen and Y. Wang, 2019, "Spatial Structure Evolution of Urban Agglomerations and Its Driving Factors in Mainland China: From the Monocentric to the Polycentric Dimension", *Sustainability*, 11, 610.

Lao, X., Zhang, X., Shen, T. et al., 2016, "Comparing China's City Transportation and Economic Networks", *Cities*, 53, 43—50.

Lao, X., T. Shen and H. Gu, 2018, "Prospect on China's Urban System by 2020: Evidence from the Prediction Based on Internal Migration Network", *Sustainability*, 10, 654.

Lee, E. S., 1966, "A Theory of Migration", *Demography*, 3, 47—57.

LeSage, J. P. and Pace, R. K., 2008, "Spatial Econometric Modeling of Origin-Destination Flows", *Journal of Regional Science*, 48(5), 941—967.

Li, Y. and Phelps, N. A., 2017, "Knowledge Polycentricity and the Evolving Yangtze River Delta Megalopolis", *Regional Studies*, 51(7), 1035—1047.

Li, Y. and Liu, X., 2018, "How did Urban Polycentricity and Dispersion Affect Economic Productivity? A Case Study of 306 Chinese Cities", *Landscape and Urban Planning*, 173, 51—59.

Li, Y. and Wu, F., 2018, "Understanding City-regionalism in China: Regional Cooperation in the Yangtze River Delta", *Regional Studies*, 52(3), 313—324.

Li, G., 2022, "Polycentricity of Urban Agglomerations from the Perspective of Spatial spillover effects of functional urban specialization and economic agglomeration", *Urban Problems*.

Liang, Z. and White, M. J., 1997, "Market Transition, Government Policies, and Interprovincial Migration in China: 1983—1988", *Economic Development and Cultural Change*, 45(2), 321—339.

Liu, X., Derudder, B. and Wu, K., 2016, "Measuring Polycentric Urban Development in China: An Intercity Transportation Network Perspective", *Regional Studies*, 50(8), 1302—1315.

Lu, H., de Jong, M., Song, Y. and Zhao, M., 2020, "The Multi-level Governance of Formulating Regional Brand Identities: Evidence from Three Mega City Regions in China", *Cities*, 100, 102668.

Lu, H. and de Jong, M., 2019, "Evolution in City Branding Practices in China's Pearl River Delta Since the Year 2000", *Cities*, 89, 154—166.

Lu, W. W. and Tsai, K. S., 2021, "Picking Places and People: Centralizing Provincial Governance in China", *The China Quarterly*, 248(1), 957—986.

Lucas Jr, R. E., 1988, "On the Mechanics of Economic Development", *Journal of Monetary Economics*, 22(1), 3—42.

Lv, Y., Zheng, X., Zhou, L. and Zhang, L., 2017, "Decentralization and Polycentricity: Spatial Changes of Employment in Beijing Metropolitan Area, China", *Sustainability*, 9(10), 1880.

Ma, H., Fang, C., Pang, B. et al., 2014, "The Effect of Geographical Proximity on Scientific Cooperation among Chinese Cities from 1990 to 2010", *PLoS ONE*, 9(11), e111705.

Ma, S. and Long, Y., 2020, "Functional Urban Area Delineations of Cities on the Chinese Mainland Using Massive Didi Ride-hailing Records", *Cities*, 97, 102532.

Marshall, A., 1890, *Principles of Economics*, MacMillan Press.

Massey, D. S., 1990, "The Social and Economic Origins of Immigration", *The An-*

nals of the American Academy of Political and Social Science, 510(1), 60—72.

Massey, D. S., Arango, J., Hugo, G., Kouaouci, A., Pellegrino, A., and Taylor, J. E., 1993, "Theories of International Migration: A Review and Appraisal", *Population and Development Review*, 19(3), 431—466.

Massey, D. S., Goldring, L. and Durand, J., 1994, "Continuities in Transnational Migration: An Analysis of Nineteen Mexican Communities", *American Journal of Sociology*, 99(6), 1492—1533.

McDonald, J. F., 1987, "The Identification of Urban Employment Subcenters", *Journal of Urban Economics*, 21(2), 242—258.

McDonald, J. F. and Prather, P. J., 1994, "Suburban Employment Centres: The Case of Chicago", *Urban Studies*, 31(2), 201—218.

Meijers, E. J. and Burger, M. J., 2010, "Spatial Structure and Productivity in US Metropolitan Areas", *Environment and Planning A*, 42(6), 1383—1402.

Mollenkopf, J. H. and Castells, M., 1991, *Dual City: Restructuring New York*, Russell Sage Foundation.

Mones, E., Vicsek, L. and Vicsek, T., 2012, "Hierarchy Measure for Complex Networks", *PloS ONE*, 7(3), e33799.

Myrdal, G., 1957, *Economic Theory and Under-Developed Regions*, G. Duckworth.

Neal, Z., 2013, "Evolution of the Business Air Travel Network in the US from 1993 to 2011: A Descriptive Analysis Using AIRNET", *Research in Transportation Business and Management*, 9, 5—11.

Neal, Z, 2014, "The Devil Is in the Details: Differences in Air Traffic Networks by Scale, Species, and Season", *Social networks*, 38, 63—73.

Neal, Z. P., 2012, *The Connected City: How Networks are Shaping the Modern Metropolis*, Routledge.

Neal, Z. P., Derudder, B. and van Meeteren, M., 2023, "When Is a Matrix a Geographical Network?", *Annals of the American Association of Geographers*.

Newman, M. E., 2010, *Networks: An Introduction*, Oxford university press.

Partridge, M. D., Rickman, D. S., Ali, K. and Olfert, M. R., 2008, "Lost in Space: Population Growth in the American Hinterlands and Small Cities", *Journal of Economic Geography*, 8(6), 727—757.

Partridge, M. D., Rickman, D. S., Ali, K. and Olfert, M. R., 2009, "Do New Economic Geography Agglomeration Shadows Underlie Current Population Dynamics Across the Urban Hierarchy?", *Papers in Regional Science*, 88(2), 445—467.

Perroux, F., 1950, "Economic Space: Theory and Applications", *The Quarterly Journal of Economics*, 64(1), 89—104.

Portnov, B. A., 2006, "Urban Clustering, Development Similarity, and Local

Growth: A Case Study of Canada", *European Planning Studies*, 14(9), 1287—1314.

Quigley, J. M., 2009, "Urbanization, Agglomeration, and Economic Development", *Urbanization and Growth*, 115, 1—36.

Ravenstein, E. G., 1889, "The Laws of Migration", *Journal of the Royal Statistical Society*, 52(2), 241—305.

Rey, S. J. and Boarnet, M. G, 2004, "A Taxonomy of Spatial Econometric Models for Simultaneous Equations Systems", in *Advances in Spatial Econometrics: Methodology, Tools and Applications*, Springer, 99—119

Small, K. A. and Song, S., 1994, "Population and Employment Densities: Structure and Change", *Journal of Urban Economics*, 36(3), 292—313.

Stark, O. and Bloom, D. E., 1985, "The New Economics of Labor Migration. *The American Economic Review*", 75(2), 173—178.

Symeonidis, P. and Tiakas, E., 2014, "Transitive Node Similarity: Predicting and Recommending Links in Signed Social Networks", *World Wide Web*, 17(4), 743—776.

Tabuchi, T., 1998, "Urban Agglomeration and Dispersion: A Synthesis of Alonso and Krugman", *Journal of Urban Economics*, 44(3), 333—351.

Tan, R., Zhou, K., He, Q. and Xu, H., 2016, "Analyzing the Effects of Spatial Interaction Among City Clusters on Urban Growth—Case of Wuhan Urban Agglomeration", *Sustainability*, 8(8), 759.

Taylor, P. J., Catalano, G. and Walker, D. R. F., 2002, "Measurement of the World City Network", *Urban Studies*, 39(13), 2367—2376.

Taylor, P. J., Hoyler, M. and Verbruggen, R., 2010, "External Urban Relational Process: Introducing Central Flow Theory to Complement Central Place Theory", *Urban Studies*, 47(13), 2803—2818.

Taylor, P. J., 2005, "New Political Geographies: Global Civil Society and Global Governance through World City Networks", *Political Geography*, 24(6), 703—730.

Trusina, A., Maslov, S., Minnhagen, P., and Sneppen, K., 2004, "Hierarchy Measures in Complex Networks", *Physical review letters*, 92(17), 178702.

Vasanen, A., 2012, "Functional Polycentricity: Examining Metropolitan Spatial Structure Through the Connectivity of Urban Sub-Centres", *Urban Studies*, 49(16), 3627—3644.

Venables, A. J., 1996, "Equilibrium Locations of Vertically Linked Industries", *International Economic Review*, 37(2), 341—359.

Wall, R. S. and van der Knaap, G. A., 2011, "Sectoral Differentiation and Network Structure Within Contemporary Worldwide Corporate Networks", *Economic Geography*, 87(3), 267—308.

Wang, J., Fang, C. and Wang, Z., 2012, "Advantages and Dynamics of Urban Agglomeration Development on Yangtze River Delta", *Journal of Geographical Sciences*,

22, 521—534.

Wang, K., Deng, Y., Sun, D. and Song, T., 2014, "Evolution and Spatial Patterns of Spheres of Urban Influence in China", *Chinese Geographical Science*, 24, 126—136.

Wang, S., Yang, C., Hou, D. and Dai, L., 2023, "How Do Urban Agglomerations Drive Economic Development? A Policy Implementation and Spatial Effects Perspective.", *Economic Analysis and Policy*, 80, 1224—1238.

Wasserman, S. and Faust, K., 1994, *Social Network Analysis: Methods and Applications*, Cambridge University Press.

Wei, C., Taubenböck, H., and Blaschke, T., 2017, "Measuring Urban Agglomeration Using a City-Scale Dasymetric Population Map: A Study in the Pearl River Delta, China", *Habitat International*, 59, 32—43.

Wen, Y. and Thill, J.-C., 2016, "Identification, Structure and Dynamic Characteristics of the Beijing—Tianjin—Hebei Mega-city Region", *Cambridge Journal of Regions, Economy and Society*, 9(3), 589—611.

Williamson, J. G., 1965, "Regional Inequality and the Process of National Development: A Description of the Patterns", *Economic Development and Cultural Change*, 13(4, Part 2), 1—84.

Winship, C., Wasserman, S. and Faust, K., 1996, "Social Network Analysis: Methods and Applications", *Journal of the American Statistical Association*, 91(435), 1373.

Wu, S., and Liu, T., 2022, "Stability and Change in China's Geography of Intercity Migration: A Network Analysis", *Population, Space and Place*, 28(7), e2570.

Xu, J. and Yeh, Anthony G.O., 2005, "City Repositioning and Competitiveness Building in Regional Development: New Development Strategies of Guangzhou, China", *International Journal of Urban and Regional Research*, 29(2), 283—308.

Ye, L., 2013, "Urban Transformation and Institutional Policies: Case Study of Mega-region Development in China's Pearl River Delta", *Journal of Urban Planning and Development*, 139(4), 292—300.

Ye, C., Zhu, J., Li, S., Yang, S. and Chen, M., 2019, "Assessment and Analysis of Regional Economic Collaborative Development within an Urban Agglomeration: Yangtze River Delta as a case study", *Habitat International*, 83, 20—29.

Yeh, A. G., Yang, F. F. and Wang, J., 2015, "Producer Service Linkages and City Connectivity in the Mega-city Region of China: A Case Study of the Pearl River Delta", *Urban Studies*, 52(13), 2458—2482.

Yu, W. and Zhou, W, 2017, "The Spatiotemporal Pattern of Urban Expansion in China: A Comparison Study of Three Urban Megaregions", *Remote Sensing*, 9(1), 45.

Yue, H., Pan, Y. and Guan, Q., 2025, "Measuring the Spatial and Size Polycentricity: An Empirical Study of China's Urban Agglomerations Using Population Distribution Data", *Applied Geography*, 176, 103529.

Zhang, T., 2006, "From Intercity Competition to Collaborative Planning: The Case of the Yangtze River Delta Region of China", *Urban Affairs Review*, 42(1), 26—56.

Zhang, J. and Wu, F., 2006, "China's Changing Economic Governance: Administrative Annexation and the Reorganization of Local Governments in the Yangtze River Delta", *Regional Studies*, 40(1), 3—21.

Zhang, F., Lou, X. and Ning, Y., 2021, "The Comparative Study of China's Megacity Regions: A Perspective of Competitiveness", *Growth and Change*, 52(1), 425—442.

Zhang, W., Derudder, B., Wang, J. et al., 2016, "Using Location-Based Social Media to Chart the Patterns of People Moving between Cities: The Case of Weibo-Users in the Yangtze River Delta", *Journal of Urban Technology*, 23(3), 91—111.

Zhang, W., Derudder, B., Wang, J. et al., 2019, "An Analysis of the Determinants of the Multiplex Urban Networks in the Yangtze River Delta", *Tijdschrift Voor Economische en Sociale Geografie*, 111(2), 117—133.

Zipf, G. K., 1946, "The P1P2/D Hypothesis: on the Intercity Movement of Persons", *American Sociological Review*, 11(6), 677—686.

图书在版编目(CIP)数据

城市群崛起 : 中国人口迁移的空间效应 / 潘泽瀚著.
上海 : 格致出版社 : 上海人民出版社，2025. -- ISBN
978-7-5432-3705-6

Ⅰ. C922.2

中国国家版本馆 CIP 数据核字第 2025LE6988 号

责任编辑 郑竹青　周天歌
装帧设计 路　静

城市群崛起:中国人口迁移的空间效应
潘泽瀚　著

出　　版	格致出版社	
	上海人民出版社	
	(201101　上海市闵行区号景路 159 弄 C 座)	
发　　行	上海人民出版社发行中心	
印　　刷	上海商务联西印刷有限公司	
开　　本	710×1000　1/16	
印　　张	13	
插　　页	2	
字　　数	210,000	
版　　次	2025 年 9 月第 1 版	
印　　次	2025 年 9 月第 1 次印刷	

ISBN 978 - 7 - 5432 - 3705 - 6/F・1648
定　　价　65.00 元